みんなで決めた 日本一の朝ごはん

美味しい朝ごはん調査隊 編

幻冬舎

はじめに

旅先で食べる「朝ごはん」は特別！
そう考える人はとても多いものです。
普段は「朝ごはん」を簡単に済ませてしまう人も、
日常から少しだけ離れた旅先では、
ゆっくりと美味しい「朝ごはん」を
たくさん食べたいって人が多いのも、やはり納得です。

そんな旅における「朝ごはん」に注目し、
『日本全国のホテル・旅館で提供している美味しい朝ごはんを
旅のきっかけにしてほしい！』
そんな願いをこめて、楽天トラベルが開催しているのが
「朝ごはんフェスティバル®」。
この人気イベントも2016年で7回目。
本書は2016年8月〜11月にわたって開催された
「朝ごはんフェスティバル」にエントリーした、
ホテルや旅館の自慢の「朝ごはん」から
厳選した448メニューを紹介しています。

さあ、あなたが食べてみたい
「朝ごはん」を探す旅に出かけましょ！

「朝ごはんフェスティバル」は、楽天株式会社の登録商標です。

BREAKFAST FESTIVAL 2016

目次

はじめに ……003

みんなで決めた!! 日本一の朝ごはんへの道 ……006

北海道エリア(36品) ……016

コラム「夜型の旅人だからこそ甘いものが恋しくなる」●吉田友和 ……024

東北エリア ……026

青森県(3品) ／岩手県(12品) ／山形県(9品) ／秋田県(3品)
宮城県(12品) ／福島県(12品)

コラム「変わらない朝食を求めて」●小林希 ……040

関東エリア ……042

茨城県(5品) ／群馬県(11品) ／栃木県(16品) ／東京都(15品)
千葉県(9品) ／埼玉県(3品) ／神奈川県(17品)

コラム「旅の朝食にはいつもカレーが食べたくなる」●渋谷和宏 ……062

中日本エリア ……064

新潟県(14品)／長野県(22品)／山梨県(6品)／静岡県(24品)／三重県(7品)
岐阜県(4品) ／愛知県(7品) ／富山県(7品) ／石川県(6品) ／福井県(9品)

コラム「染み渡るだしスープ、しあわせの和定食。」●梅津有希子 ……092

西日本エリア …… 094

滋賀県(7品) ／京都府(14品) ／兵庫県(15品) ／大阪府(11品)
奈良県(5品) ／和歌山県(11品)
コラム「朝食の不思議とスペシャルな一品」●たかしまてつを …… 110

中国・四国エリア …… 112

鳥取県(4品) ／岡山県(7品) ／島根県(5品) ／広島県(7品)
山口県(7品) ／徳島県(5品) ／香川県(5品) ／高知県(6品) ／愛媛県(6品)
コラム「理想の朝ごはん」●久住昌之 …… 130

九州・沖縄エリア …… 132

福岡県(7品) ／佐賀県(5品) ／熊本県(8品) ／大分県(3品) ／長崎県(5品)
宮崎県(6品) ／鹿児島県(13品) ／沖縄県(17品)

みんなで決めた!!
日本一の朝ごはんへの道

Web投票対決

ユーザー投票とお客さまの声から、47都道府県の代表を決定!

2016年8月に行われた特設ページでのユーザーからの得票数と、ホテル・旅館に実際に宿泊したお客さまの声から、食事に関する評価を点数化した合計点で、各都道府県の1位を含む、48品の代表朝ごはんが選ばれました。

実食対決

全国から選ばれた朝ごはんが、東京・二子玉川に集結!

第2ステージは、今回から一般参加型のイベント形式に生まれ変わりました。2016年10月18日(火)・19日(水)の2日間にわたり、二子玉川ライズにて開催されました。出品されたのは、エントリーされた約1,500の朝ごはんのうち、第1ステージを通過した、日本全国からの朝ごはん47品です。6つのブロックに分かれ、それぞれのブロックで得票数の一番多かった一品がファイナルステージに進みます。一般来場者(約500人)、特別審査員の試食・投票によって、ファイナルステージに進出する6品が決まりました。

会場は、楽天本社がある東京・二子玉川ライズ中央広場＋iTSCOM STUDIO & HALL。代表の朝ごはんはキッチンカーで調理されました。

審査員となる一般来場者は、トレーを持ちキッチンカーを回ります。朝ごはんができていくのを見ながら行列に並ぶのもワクワクします。

BREAKFAST FESTIVAL 2016

8品までのるトレーの指定の場所に、朝ごはんをのせてもらい、全部揃ったら試食のためのホールに向かいます。

ホール内は、試食する人でいっぱい！どの朝ごはんも美味しそうです。このなかから一品を選ぶので、真剣に味わいます。

料理研究家・浜内千波氏（写真左）。その他、人気朝ごはんインスタグラマー・山崎佳氏（@keiyamazaki）も特別審査員として参加しました。

ステージ上では、それぞれのお宿が朝ごはんメニューの魅力をアピールしました。

一般審査員の皆さまも、実食して一番美味しかったと思う朝ごはんに投票していきます。

ブロックで最も得票数の多かった一品が、ファイナルステージに進みます。

ふわふわフレンチトーストに自家製ジャムを添えて
(大泉高原 八ヶ岳ロイヤルホテル)

3種の八幡平スムージー
(安比八幡平の食の宿 四季館 彩冬)

岡山のブランド牛「千屋牛」の熟成フィレカツサンド
(湯原温泉 我無らん)

清流育ち秋保米と気仙沼産フカヒレの中華あんかけ粥
(秋保温泉 ホテル瑞鳳)

朝〆たばかり 鮮度抜群の鹿児島県産真鯛潮茶漬
(城山観光ホテル)

山形牛の旨味がたっぷり染み出た具だくさんの芋煮汁
(温海温泉 萬国屋)

BREAKFAST FESTIVAL 2016

実食対決

予選を勝ち抜いた6施設の朝ごはんが、日本一をかけて最終バトル!

ファイナルステージは2016年11月30日(水)、東京・渋谷区にある服部栄養専門学校にて行われました。各宿泊施設のシェフは、第2ステージを勝ち抜いた朝ごはんに、さらに自慢の1品を加えた2品ずつを会場で調理し、披露しました。5人の審査員が調理風景を視察した後、順番に料理を仕上げ、各シェフによるプレゼンテーション、審査員の試食を行い、審査の結果、日本一の朝ごはんが決まりました。

調理中のシェフを視察する、審査員の坂井宏行氏(ラ・ロシェル オーナシェフ)、井上孝之氏(CREA WEB編集長)、田中耕太郎氏(ホテル ラ・スイート神戸ハーバーランド総料理長)。(写真中央より右に)

審査員の神田川俊郎氏(神田川本店店主)、武田和徳氏(楽天株式会社 常務執行役員 ライフ&レジャーカンパニー プレジデント)も、シェフに朝ごはんについて質問しながら調理場を回ります。

調理が終わり、それぞれの朝ごはんについて、シェフが素材や味などこだわりのポイントについて、説明します。

審査員たちによる実食です。ファイナルステージまで勝ち抜いた朝ごはん、さすがの美味しさに審査員の皆さまもほぼ完食だったようです。

朝ごはんの頂点に立ったのは……?!

✻ 優勝／地産地消de朝ごはん賞 ✻

❶ 山形牛の旨味がたっぷり染み出た具だくさんの芋煮汁
❷ 磯の香 吟醸茶漬け ～山形の恵みを添えて～

　今回「地産地消de朝ごはん部門」も同時受賞の萬国屋。「優勝なんて考えもしていなかった」と語る大滝さんですが、お料理の説明となると、お話が止まりません。味へのこだわりは人一倍強いようで、調理中、丁寧に何度も味を確認する姿が印象的でした。
「1日を元気に過ごしていただけるように、朝ごはんはバイキング形式で、郷土の料理・名産を好きなだけお楽しみいただいています。味付け・調理法、素材を吟味することで家庭の料理とは一味違うメニューを心を込めて作っています」
　「日本一の芋煮会」をイメージして作られた芋煮汁は、一晩寝かせて旨味を出した、朝食バイキングでも人気の一品。審査員からも「山形の情景が浮かぶようなメニューだった」という声が出たほど、地元の野菜をたっぷり使っています。華やかさはありませんが、滋味溢れる一品となっています。
「素材の味を感じていただくために、あえて色みは抑えて素朴なイメージを大事にしています。十分用意できたと思った芋煮汁がなくなってしまった時は、これは美味しいと思ってもらえているのだと、とても嬉しく手応えがありました」
　二品目の吟醸茶漬けは、出汁に日本酒を多めに使い、天然岩のりの磯の香りと日本酒の旨味が味わえる一品です。
「山形は日本酒が美味しいので、つや姫を100％使用した吟醸酒をふんだんに取り入れた一品を作りました。山形の素晴らしい食材、食文化をより多くの方に知っていただきたいです」

大滝幸也さん
温海温泉 萬国屋 課長

✳ 準優勝 ✳

❶ 朝〆たばかり 鮮度抜群の鹿児島県産真鯛潮茶漬
❷ ニガウリと豚耳のソテツ味噌炒め

　何よりも鮮度にこだわって、その日の朝しめた真鯛を使って作られる「真鯛潮茶漬」は、ファイナルステージ当日もスタッフがホテルの生け簀から直行して用意したほど。潮スープを使うのは、真鯛のアラを活かせないかと、総調理長の前田さんが日本料理店での経験を活かして考えたそうです。
「大きな生け簀で用意している鹿児島県産の真鯛は、結婚式やお祝いなどにも使われる当ホテルの人気メニューです。真鯛を丸ごと余すことなく食べきりたいと、お茶の代わりにたくさん残ったカマや中落ちなどを利用した潮スープを使うことを思いつきました」

　城山観光ホテルの朝食バイキングは、できる限り地元の食材を使い、和洋さまざまなメニュー80～90種類が用意されています。1日の活力となる朝ごはんが、鹿児島旅行の楽しい記憶になるように心がけているそうです。
「今回のメニューは、人気の二品を選びました。特に真鯛潮茶漬は、特設コーナーがあるほど人気の一品です」

　コーナーに気づかず、潮茶漬を食べられなかったお客さまが悔しがることも。二品目の奄美大島産の甘めのソテツ味噌で炒めたニガウリと豚耳は、鹿児島ではなじみ深くご飯のお供に最適だとか。ニガウリは湯がいて晒して苦みを抑え食べやすいように心配りされています。
「優勝を目指して九州代表として全力を尽くしたので悔いはないですが、次に挑戦したいです」

前田瑞穂さん
城山観光ホテル 総調理長

✣ 第3位 ✣
❶ 岡山のブランド牛「千屋牛」の熟成フィレカツサンド
❷ 湯原温泉名産青大豆豆乳ポタージュ

　岡山県真庭市にある総客室6室という、小さなお籠り宿の朝ごはんが3位に！伊藤さんによると、今回のカツサンドは、朝ごはんフェスティバルがあったからこそ生まれたメニューだそうです。
「第2ステージがキッチンカーということが頭にあり作業性も考慮し、岡山のブランド牛である千屋牛をメインにしたかったので、それらを踏まえて、新たにこのメニューを考えました」
　最高級の熟成フィレ肉を使い、柔らかな食感と肉の旨味が自慢。ソースは岡山県産の数種類の野菜を煮込んださっぱりしたオリジナル、パンはカツの邪魔をしないように薄めに、という細やかな気づかいも。朝からカツサンド、というのはボリューム満点のような気がしますが、伊藤さんはあえてカツサンドという選択をしたそうです。
「小さな宿ですので、温かいものは温かく、冷たいものは冷たいままお召し上がりいただくのが、私たちのモットーです。お泊まりいただいたお客さまに、朝からスペシャルな気持ちになっていただけるようにと、スタッフみんなで考えました」
　地元湯原温泉の食材にこだわり、素材の美味しさを味わってもらうために、味付けを極力控えた青大豆のポタージュも、カツサンドとの相性バッチリと、審査員の皆さまにも好評でした。
「普段からお客さまにも、特別な朝になるねとご好評いただいている朝ごはん。今回のフェスティバルでも高い評価をいただけて大きな自信になりました。岡山県の美味しさを、一人でも多くの方に知っていただけるよう、がんばります」

伊藤浩二さん
湯原温泉 我無らん 調理主任

北海道
エリア

**変り醤油と薬味で楽しむ
"8種の彩り海鮮丼"**
ベッセルイン札幌中島公園(札幌市)

**自家精米ゆめぴりかで作る、
海鮮いろいろMY勝手丼**
プレミアホテル―CABIN―札幌(旧 天然温泉 ホテル
パコジュニアススキノ)(札幌市)

**海の幸で作るオリジナル海鮮丼♪
海鮮JEWEL丼☆**
ロイトン札幌(札幌市)

12種類のおいしいパン
ホテル京阪札幌(札幌市)

ゆめぴりかと発芽玄米のライスプディング白樺見立て

北海道産米「ゆめぴりか」と「発芽玄米」を、生クリーム・牛乳で炊き上げた特製プディング。3種の豆と自家製ルバーブジャムがトッピングされ、健康的で体に優しい味わいです。オレンジがほのかに香り、甘すぎずさっぱりしていて、朝のデザートにピッタリの一品です。

**センチュリー
ロイヤルホテル**

〒060-0005
札幌市中央区北5条西5丁目
TEL：011-221-2121

北海道

お母さんの真心いっぱい！ 七宝巻き 太陽の瞳ソース

日高産ホエー豚や道産米、チーズなど多くの具材を包み込んだロールキャベツ。静内産ミニトマト「太陽の瞳」とトマトジュース、生クリーム、隠し味の味噌が一体となり、どこか懐かしさを感じさせる特製ソースが決め手です。まさに"お母さんの"、ひと手間かけた優しさ溢れる一品。

静内エクリプスホテル

〒056-0018
日高郡新ひだか町静内吉野町3-1-1
TEL：0146-43-3811

BREAKFAST FESTIVAL 2016

あんふあん農園の
自然卵のたまごかけごはん
いちいの宿（上川郡当麻町）

具材を選んで盛れる
勝手丼
ネストホテル札幌駅前（札幌市）

毎朝違う味を♪
パティシエ特製★日替わりケーキ★
プレミアホテル 中島公園 札幌
（旧 ノボテル札幌）（札幌市）

北海道茶碗蒸し
ホテル法華クラブ札幌（札幌市）

北海道大自然の恵み
バーニャカウダ
ホテルWBF札幌大通
（旧 ラッソ ライフステージホテル）（札幌市）

季節の野菜や果物を使った
ノンアルコールカクテル
オーセントホテル小樽（小樽市）

北海道

シェフ特製ふわふわオムレツ!
ANAクラウンプラザホテル千歳
(旧 千歳全日空ホテル)(千歳市)

**自家製天然酵母を使用した
オリジナルベーグルサンド**
ゲストハウスアンドバー フリーダム!!(千歳市)

**焼きたて!
サクサク食感のクロワッサン**
札幌北広島クラッセホテル(北広島市)

**卵から育てた、
フワっフワっ♪のオムレツ**
日高オーベルジュ ナチュラルリゾート・ハイジア
(日高郡新ひだか町)

**夕張メロンをギュッと凝縮!
手作り夕張メロンジャム**
ホテルマウントレースイ(夕張市)

**釧路産鱈の手作りさつま揚げと
北海道産野菜の陶板焼**
釧路センチュリーキャッスルホテル(釧路市)

BREAKFAST FESTIVAL 2016

朝から盛り盛り海鮮丼
阿寒湖畔温泉 ニュー阿寒ホテル（釧路市）

**ローストポークと十勝マッシュの
マスタードソース**
ホテルエリアワン帯広（HOTEL Areaone）（帯広市）

**道産牛のローストビーフ
（山わさび風味）**
プレミアホテル―CABIN―帯広
（旧 天然温泉 ホテルパコ帯広）（帯広市）

帯広名物豚丼
ホテル日航ノースランド帯広（帯広市）

**パリッ、ふわっ、もっちり。
香りまで美味しいパン。**
森のスパリゾート 北海道ホテル（帯広市）

**地元農家の野菜でつくる
ミネストローネ**
本格イタリア料理 ペンション わにの家（網走市）

021

北海道

**鮭の旨味が三変化★
知床ウトロ漁師のあっぺめし**
ウトロ温泉 知床グランドホテル 北こぶし
（斜里郡斜里町）

**毎日焼きたて！
自慢のこだわりパン**
クラブメッド 北海道 サホロ
（上川郡新得町）

いくら盛り放題の海鮮丼
ホテルWBFグランデ函館
（旧 函館グランドホテル）（函館市）

**調理長こだわりの
フレンチトースト**
洞爺サンパレス リゾート&スパ（有珠郡壮瞥町）

マグロの中落ちもたっぷりの函館丼
湯の川温泉 笑 函館屋（函館市）

ご勝手海鮮丼
みなみ北海道鹿部ロイヤルホテル（茅部郡鹿部町）

BREAKFAST FESTIVAL 2016

たっぷり盛り放題♪
ぷちぷち『いくら』☆
天然温泉 神威の湯 ドーミーイン旭川（旭川市）

彩りもきれい♪
富良野アスパラのキッシュ♪
バリアフリーの宿 いつか富良野へ（富良野市）

数種類の選べる
トッピングの朝粥!
層雲峡温泉 ホテル大雪（上川郡上川町）

利尻昆布のしゃぶしゃぶ
ホテル 雲丹御殿（利尻郡利尻富士町）

北海道産のインカのめざめ、
とうもろこしを!!
藤田観光ワシントンホテル旭川（旭川市）

絶品! 卵かけごはん
良佳プラザ 遊湯ぴっぷ（上川郡比布町）

北海道 / 東北 / 関東 / 中日本 / 西日本 / 中国・四国 / 九州・沖縄

COLUMN
夜型の旅人だからこそ
甘いものが恋しくなる

　沖縄の旅では、到着したその日のうちにまずはサーターアンダギーを購入するのが習慣となっている。翌朝以降の朝ごはんは、コレに決めているからだ。サーターアンダギー——なんだか長い名称だが、ご当地モノの揚げ菓子である。知らない人に説明するならば、「沖縄風ドーナツ」という表現が最も分かりやすいだろうか。

　沖縄へ行くと、普通のホテルにはほとんど泊まらない。常宿にしているのは、いわゆるウィークリーマンションと呼ばれるタイプの宿泊施設だ。

　年中温暖な気候の沖縄では、観光だけでなく長期滞在のニーズも根強い。寒い冬の間だけ本州から短期移住する「避寒族」と呼ばれる人たちや、花粉症から逃げてくる人も少なくないという。それゆえ、那覇市内にはウィークリーマンションが数多い。

　特筆すべきは、ウィークリーと言いつつも、二〜三日の滞在でも利用できる点だ。ゆいレールの旭橋駅周辺に部屋がいくつかあって、だいたい一泊四〜五千円程度と手頃なのでよく泊まる。その土地の住人になった気分で、暮らすように旅できるのが最大の魅力だ。ベッドメイキングやタオルの交換といった、ホテルでは当たり前のサービスこそないものの、それらはなければないでも別に困らない。

　基本的には家具付きで、最低限の調理器具が揃っている。電子レンジもあるので、初日に買い置きしたサーターアンダギーをチンして、あとはコーヒーを淹れて味わうだけで、幸せな朝ごはんになるというわけだ。

　いまも日本全国あちこちを旅している。沖縄以外では普通にホテルや旅館に泊まるのだが、その際、朝食の内容で宿を選ぶことが増えてきた。歳を取るにつれ、生活が朝型になってきたことも理由のひとつだろう。旅先でも早起きして、ほとんど一番乗りの勢いで朝食会場へ繰り出す。とくにビュッフェ・スタイルの宿では、まだ誰も手を付けていない真新しい大皿を狙うのは密かな楽しみである。

　ところが、沖縄へ来ると途端に生活リズムが狂い始める。社会全体が圧倒的に夜型だからだ。

　居酒屋へ行くと、「子連れなら九時には店を出ましょう」みたいなポスターが貼ってあるような土地柄である。「子連れで居酒屋」という時点でオヤッとなるし、「九時」が早いとも思えない。ちなみにこのポスターはイラスト付きなのだが、眠そうな子どもの横で大人が紫煙をくゆらしているという、なんだかもう色々と突っ込みどころだらけの絵柄であった。

　そんなわけで、沖縄では特例として僕も夜型の旅人に変身する。郷に入っては郷に従えな

吉田 友和（よしだ ともかず）
旅行作家

1976年千葉県生まれ。世界一周新婚旅行の模様を描いた『世界一周デート』でデビュー。その後、世界一周ブームの先駆けとなる本格ガイド『してみたい！世界一周』や、超短期旅行の魅力を綴った『週末海外！』シリーズが大きな反響を呼ぶ。海外旅行好きの目線で日本の名所を紹介する『世界も驚くニッポン旅行100』のほか、『自分を探さない旅』『3日もあれば海外旅行』『ハノイ発夜行バス、南下してホーチミン』など旅の著書多数。

のだ！　沖縄だから仕方ないのだ！　と我が身を正当化しつつ。

つまり、夜は遅くまで飲み歩くわけですね。屋台やら居酒屋やら何軒もはしごし、シメにラーメンの感覚で沖縄そばを深夜にすする、までがお決まりコースだ。

そんな暴飲暴食の夜が明けたタイミングでの朝ごはんだからこそ、余計に軽めの内容が良かったりする。二日酔い気味の体で味わうと、サーターアンダギーのほどよい甘さが、なんだか尊いモノに思えてくるのだ。

サーターアンダギーの外観は球状で、一部が割れているのが特徴だ。まるで花が咲くように見えることから、縁起のいいお菓子とされている。沖縄県内でも島によって呼び方が変わり、たとえば宮古島では「さたぱんびん」という名で親しまれている。見た目もサーターアンダギーとは違い、さたぱんびんは棒状のものも存在し、サイズがやや小さめだ。

那覇市内ならば、サーターアンダギーはいたるところで売られている。空港の売店や、国際通りのお土産屋でも定番商品のひとつだ。とはいえ、味はやはり店によりけりだから、食べ歩いて開拓する努力を惜しんではいけない。

最近のお気に入りは泊港の近くにある某店なのだが、駅から結構遠いので、時間がないときは牧志公設市場の周辺で購入する。どこも気前よく試食させてくれるから買わないで立ち去るのは気が引けるのだが、買いすぎても食べきれないのが悩みの種である。

以前にお店の人に、美味しい食べ方について教えてもらったことがある。
「本当はレンジよりオーブントースターの方がいいんですよ」

確かにレンジだと、揚げ物はあたため過ぎるとベタッとしてしまう。オーブントースターで少し焼けば、外側がカリッとしていい感じになる。まあ、この辺は好みの問題なのだろう。

店にもよるが、サーターアンダギーは白と黒の二種類が用意されていることが多い。プレーンと黒糖の違いである。公設市場そばの店では、それらが二個ずつ、計四つ入って四百円だった。一日に二つずつ食べるとすると、二泊三日でちょうどいい量だ。
「これは日持ちするからねえ。二ヶ月ぐらいは持つのよ」

と店の女性は胸を張った。しかし、よく見ると賞味期限が来週の日付になっていて、やはり沖縄は奥が深いなあとしみじみしたりもするのだった。

東北エリア

[青森県]

朝から貴方だけの
特製クレープ作り
浅虫温泉 海扇閣（青森市）

青森県産とろろのっけ丼
リッチモンドホテル青森（青森市）

津軽のかっちゃ飯イガメンチ
〜前浜のイカがたっぷり
鰺ヶ沢温泉 ホテルグランメール 山海荘
（西津軽郡鰺ケ沢町）

［岩手県］

宮古産スルメイカとお豆腐の♪
とろふわ和風グラタン
浄土ヶ浜旅館（宮古市）

きれいな水で育った
遠野産「ヤマメ」の一夜干し
花巻温泉 佳松園（花巻市）

地元生産農家で穫れた
「ひとめぼれ」の釜炊きごはん
台温泉 やまゆりの宿（花巻市）

八幡平市特産ほうれん草の
しゃぶしゃぶ
八幡平ロイヤルホテル（八幡平市）

はなまき朝ごはんプロジェクト☆
花巻産野菜の一品
花巻温泉郷 新鉛温泉 結びの宿 愛隣館（花巻市）

岩手県

3種の八幡平スムージー

この宿がある八幡平の季節の食材を使ったスムージー。ほうれん草、山葡萄、ブルーベリーや地元名店の甘麹や豆乳、はちみつを使った、八幡平に行かないと食べることのできないスムージーです。

安比八幡平の食の宿　四季館 彩冬

〒028-7554
八幡平市赤坂田254-9
TEL：0195-72-5344

BREAKFAST FESTIVAL 2016

八幡平野菜の
【減圧調理・GVジュエルサラダ】
全5室の小さな宿 旬菜創作料理と貸切露天風呂
Beaver(八幡平市)

当館で収穫されたハチミツを使った
フレンチトースト
鶯宿温泉 ホテル森の風 鶯宿(岩手郡雫石町)

朝から食べ過ぎ続出!?
うまみたっぷり「かに雑炊」
花巻温泉 ホテル紅葉館(花巻市)

旨味がギュッと詰まった
「自家製ベーコン」
ホテル森の風 沢内銀河高原(和賀郡西和賀町)

目の前で焼き上げる
"ふわとろオムレツ"
ホテル東日本盛岡(盛岡市)

並んでも食べたい♪
具が選べる「ふわとろオムレツ」
花巻温泉 ホテル千秋閣(花巻市)

山形県

★秘伝★『山形県産青大豆』をつかった、
手作り豆腐
ホテルイン鶴岡（鶴岡市）

山形の季節のフルーツでつくった
ホテル自家製ジャム
ホテルキャッスル〈山形〉（山形市）

ふわっふわ♪
トリュフ香るチーズソースオムレツ
ほほえみの空湯舟 つるや（天童市）

山形発祥!! 夏にぴったり!
冷やしらーめん
リッチモンドホテル山形駅前（山形市）

瀧波名物!
つきたてのお餅
赤湯温泉 いきかえりの宿 瀧波（南陽市）

BREAKFAST FESTIVAL 2016

山形牛の旨味がたっぷり染み出た具だくさんの芋煮汁

「日本一の芋煮会」をイメージした、大なべを用いた芋煮汁です。薄く澄んだ出汁に山形牛のバラ肉の甘い脂がとろけ出し、旨味がたっぷり染み出ています。山形の味付けは、少し甘めの優しい味。舌が味をおぼえるとやみつきになってしまう美味しさです。

温海温泉 萬国屋

〒999-7204
鶴岡市湯温海丁1
TEL：0235-43-3333

山形県・秋田県

朝からステーキ
天童温泉 美味求真の宿 天童ホテル（天童市）

蔵王牛カレー
蔵王温泉 蔵王国際ホテル（山形市）

シェフのこだわりオムレツ
山形国際ホテル（山形市）

[秋田県]

味自慢の角館納豆
田町武家屋敷ホテル（仙北市）

比内地鶏の
極上たまごかけご飯
あきた芸術村温泉 ゆぽぽ（仙北市）

たっぷり味噌のふっくら焼きキリタンポ

ふっくらモチモチに炊き上がった「あきたこまち」を柔らかくつぶし、ひとつひとつ丁寧に棒に巻きつけ形を整え、自家製味噌をたっぷりと塗り香ばしく焼き上げたキリタンポです。カリッとした味噌の食感と、ふんわりとしたお米の甘さが郷土を感じさせてくれます。

**小町のかくれ里
横堀温泉紫雲閣**

〒019-0204
湯沢市横堀小正寺16
TEL：0183-52-4334

宮城県

[宮城県]

仙台新名物！
シェフ特製贅沢ずんだぷりん
ホテル法華クラブ仙台（仙台市）

宮城の豚肉ジャパンXと
季節の野菜たっぷり温スープ
宮城蔵王ロイヤルホテル（刈田郡蔵王町）

新鮮な無農薬野菜【秋ナス】の
熱々揚げたて天ぷら
秋保温泉 ホテル華乃湯（仙台市）

秋保米と仙台味噌が香る
朝のさらさらお茶漬けちゃん
秋保温泉 秋保グランドホテル（仙台市）

料理人が目の前で焼く！
とろふわフレンチトースト★
松島温泉 湯元 松島一の坊（宮城郡松島町）

BREAKFAST FESTIVAL 2016

清流育ち秋保米と気仙沼産フカヒレの中華あんかけ粥

秋保の清流で育った秋保米と、美肌・疲労回復効果が期待できる気仙沼産フカヒレを使用した中華粥。生米から、鶏と帆立の貝柱でとったスープで3時間煮て、旨みを凝縮しています。フカヒレあんと、仕上げに香りの良いネギ油を入れて完成。お好みでザーサイ・ネギ・みつ葉をトッピングしていただきます。

秋保温泉 ホテル瑞鳳

〒982-0241
仙台市太白区秋保町湯元除26-1
TEL：022-397-1111

宮城県・福島県

「竹鶏たまご」の
ふわとろオムレツ
ホテルメトロポリタン仙台（仙台市）

「竹鶏たまご」を使った
エッグベネディクト
仙台ロイヤルパークホテル（仙台市）

宮城の名物☆ずんだ白玉
仙台ワシントンホテル（仙台市）

朝つきたて♪
女将が心を込めてお出しする「おもち」
秋保の郷 ばんじ家（仙台市）

まるごと蔵王を生絞り!
赤と緑のおめざスムージー
「蔵王の森」がつくる美と健康の温泉宿 ゆと森倶楽部
（刈田郡蔵王町）

目の前調理で人気!
「幸せ気分のふわとろオムレツ」
秋保温泉 篝火の湯 緑水亭（仙台市）

BREAKFAST FESTIVAL 2016

［福島県］

喜多方ラーメンを朝から。
醤油と味噌、両方お薦め。
会津東山温泉 御宿東鳳（会津若松市）

会津産こだわりのもち米を使用した
「自慢のお餅」
会津東山温泉 庄助の宿 瀧の湯（会津若松市）

一度食べたら忘れられないふるさとの味。
「会津米」
会津東山温泉 くつろぎ宿 千代滝（会津若松市）

自分の好みで選べる
会津味噌三種の味噌汁バイキング
裏磐梯ロイヤルホテル（耶麻郡北塩原村）

会津の郷土料理
めっぱめし
料理旅館 田事（会津若松市）

福島県

真鯛と松茸の土鍋炊き込みご飯

厳選した鯛と松茸に、時間をかけて取った鯛のあら出汁汁を加え、土鍋で炊き上げています。鯛と松茸の旨みを引き立てる一番出汁もあるので、初めはそのままで、二杯目はお茶漬けと、二度楽しめる一品。鈴鐘でしか味わえない贅沢な朝食です。

**離れの隠れ宿
オーベルジュ鈴鐘**

〒963-1309
郡山市熱海町熱海5-38
TEL：024-994-1555

BREAKFAST FESTIVAL 2016

朝食メニューで大人気!
ふんわりフレンチトースト!
飯坂温泉 飯坂ホテル聚楽(じゅらく)(福島市)

ホテルメイドの
本格フレンチトースト
郡山ビューホテルアネックス(郡山市)

会津米のたきたて
ほかほかごはん!
会津芦ノ牧温泉 大川荘(会津若松市)

会津継承米「氏郷」の玄米を
米研ぎ名人が炊き上げる
会津東山温泉 くつろぎ宿 新滝(会津若松市)

新鮮な海の幸を!
イカ刺し
いわき湯本温泉 松柏館(いわき市)

トッピングが選べて楽しい!
ふわふわパンケーキ
裏磐梯 グランデコ 東急ホテル(耶麻郡北塩原村)

COLUMN
変わらない朝食を求めて

　朝の光が縁側からすっと入って、柔らかな明るさが心地よいダイニングの食卓に、朝食が並び始める。湯気が仄(ほの)かに立ちあがる具沢山のお味噌汁、キラキラと光沢のある白ご飯、レタスを1枚敷いた焼き魚のアジが芳ばしい匂いを放って丁寧に置かれる。それから卵、納豆、味のり、漬け物と足されて、「さあ、召し上がれ!」と女将さんが言うと、ゲストはみんな幸せな顔になって、お箸を手にとる。

　あたたかいお味噌汁で口を湿らせて、白ご飯を頬ばると、体の細胞の隅々までエネルギーが入っていくのを感じる。これは、1日を元気いっぱいに過ごすための儀式のような朝の瞬間だなと、いつも思う。

　「私、この変わらない朝ご飯が楽しみなんですよ!」と言うと、女将さんは口角をぐっとあげて、毎度のように言うのだ。

　「うちは、いつ来てもらったって、これしか出さないからね。ほら、おかわりしなよ!」

　初めて加計呂麻島を訪れたのは7年前だ。その日の夕方に奄美大島の南端に位置する古仁屋という港町に着き、場末感漂うフェリー乗り場からレンタカーごと対岸の加計呂麻島へと渡った。

　空に浮かぶ太陽は海面近くまで落ち、朱色の空が海の色を変えてゆく間の20分ほどの船旅は、まるでニライカナイ——奄美諸島で言い伝えられる他界・理想郷へと向かっているような心持ちがした。実際に加計呂麻島の島民が「ここは神さんの島だよ」と言うように、昔から精霊信仰(アニミズム)が盛んな地域のひとつなのだ。

　加計呂麻島の瀬相には、島旅作家の斎藤潤氏に紹介してもらった宿の女将さんが来てくれて、顔も知らないはずの私に躊躇(ためら)うことなく「いらっしゃい」と言って、出迎えてくれた。たしかに奄美大島からわざわざ加計呂麻島まで来島する旅行者は少ないのだけれど。

　宿は、子供のいないご夫婦が旅人たちと一緒に楽しい時間を過ごそうとはじめた手作りの平屋建てで、囲炉裏付きのリビング・ダイニングと畳敷きの和室が3つある。木の温もりを感じる内装には、かつて宿泊した旅人たちが贈ったオブジェや女将さんの手作り工芸品が置かれ、ご主人が集めたという未開封の酒瓶が所狭しと棚に並んでいる。

　何度行っても、ゲストが部屋に籠(こも)っている姿を見たことがなく、皆旧知のように食卓を囲んで団欒(だんらん)を楽しむ。

　宿で迎えた初めての朝ご飯は、女将さんが配膳するのを手伝いながら、当たり前のようにほかのゲストと一緒に食卓につき、皆で手をあ

小林 希（こばやし のぞみ）
旅女、旅行作家

1982年生まれ。在学中からバックパッカーとして海外を旅する。新卒から7年間勤めた出版社を2011年末に退社。その日の夜から旅に出る。1年後帰国して、その旅のことを綴った『恋する旅女、世界をゆく——29歳、会社を辞めて旅に出た』（幻冬舎文庫）で作家デビュー。現在50カ国以上をめぐる。著書に、『泣きたくなる旅の日は、世界が美しい』（幻冬舎）や『美しい柄ネコ図鑑』（エクスナレッジ）など。インスタグラム:nozokoneko　ブログ「地球に恋する」:nozomikobayashi.com

わせて「いただきます！」と食べるから、不思議と皆が家族のようだなと感じた。同時に、自分の家族がそろって、食卓を囲んで朝食をとるだなんて、いったいいつが最後だっただろうかと思ったけれど、最早思い出せないくらい遠い過去になってしまっていた。

朝ご飯には、ご飯、お味噌汁、焼き魚のアジ、漬け物、卵、納豆、味のりが出た。気付けば、焼いたアジを頭から尻尾、骨まで食べていた。お碗にこんもり盛られた白ご飯には納豆と卵を混ぜて、飲み込むように食べていたから、あと一口しか残っていない。アジの下に敷かれたレタスにはアジの脂がしみ込んで、最後に美味しくいただいた。

このシンプルで美味しい朝食は、その後何度来ても変わらないメニューで、いつしかこの宿に泊まる楽しみのひとつとなった。

これまで数え切れないほどの宿に泊まり、さまざまな朝食をいただいているけれど、いつ、何度行っても変わらない朝食を出している宿というのは、めったにない。

行く度にメニューが変わり、季節の野菜や果物、地魚などを出してくれる宿も魅力的なのだけど、唯一「同じ朝食」を求めに泊まる宿はここだけだ。この変わらない安心感がいいのかもしれない。気付けば、この朝ご飯によって、一つの旅先に対して望郷の気持ちを感じるようになっている。

ところが最近になって、ひとつだけ変わったものがあった。

すかさず女将さんに尋ねると、

「よくわかったわね。それね、私の手作りなのよ。最近陶芸が趣味になっちゃって、家の隣に工房まで作っちゃったの。窯があるから、教えてあげようか」

と、屈託のない笑顔で応えてくれた。

そう、相変わらず朝食のメニューは変わらないのだけど、食材がのったお碗やお皿が変わったのだ。よく見ると、すこし歪さはあるけれど、食器の縁の柔らかい曲線や1枚ごとの色味の違いが素敵だ。

女将さんの少し大きくてまるっこい手を眺める。朝食を作っているその手だ。

「素敵！　私も作ってみたい！」

「そうしたら、今度は自分で作ったお皿でご飯を食べたらいいじゃないの」

こうして、加計呂麻島の宿でいただく朝ご飯に、またひとつ楽しみが増えたのだ。今、そのお碗は工房に置いてあって、次回行ったときに使えることになっている。

関東エリア

[茨城県]

ウエストヒルズの新名物
「けんちんうどん」
ホテル・ザ・ウエストヒルズ・水戸
(リッチモンドホテルズ提携ホテル)(水戸市)

ふわコリ♪
水戸の家庭で愛されている そぼろ納豆
大洗ホテル(東茨城郡大洗町)

口コミで人気の
焼きたてサクサクのクロワッサン♪
袋田温泉 思い出浪漫館(久慈郡大子町)

BREAKFAST FESTIVAL 2016

『海鮮丼』お好きなだけ取り放題♪

イクラ・めんたいこ・しらす・いかそうめんなどの海鮮が、朝食バイキングで取り放題です。おかずにしても、茶碗に盛ってどんぶりにしても良し!

アパホテル〈水戸駅北〉

〒310-0021
水戸市南町1-3-18
TEL：029-225-8811

茨城県・群馬県

目の前で焼き上げる、
香ばしい鮎のひらき
ホテル鮎亭（常陸大宮市）

[群馬県]

カリッとふわっと焼き立て
ベイクドフレンチトースト
シャレー モンテローザ（利根郡片品村）

朝食で人気の
「源泉せいろ蒸し」
上牧温泉 人気の貸切風呂と炭火山里料理の宿 辰巳館
（利根郡みなかみ町）

「日本三大胃腸病の名湯」で炊く
優しい塩味の源泉粥
四万温泉 温泉三昧の宿 四万たむら
（吾妻郡中之条町）

自家製！ちりめん山椒
四万温泉 時わすれの宿 佳元（よしもと）
（吾妻郡中之条町）

BREAKFAST FESTIVAL 2016

関東

地元でも愛されているホテル自家製の焼きたてパン♪

奥利根のおいしい水と、たくさんの卵に、厳選された良質な小麦で作った焼きたてパンです。この宿では、おいしいパンを毎朝焼いています。地元ではもちろん、お土産としても人気です。

水上温泉
水上ホテル聚楽
（じゅらく）

〒379-1617
利根郡みなかみ町湯原665
TEL：0278-72-2521

群馬県・栃木県

ホッとする地元野菜の田舎の煮物
水上温泉郷 谷川温泉 やど莞山（かんざん）
（利根郡みなかみ町）

豆乳と熊笹のババロア
水上温泉郷 水上高原ホテル200（利根郡みなかみ町）

「群馬県優良県産品指定」元祖！
『岩魚一夜干し』
四万温泉 清流館 豊島屋（吾妻郡中之条町）

お肉大きめ、食べごたえ抜群！
ローストビーフサラダ
四万温泉 四万グランドホテル（吾妻郡中之条町）

朝はやっぱり、
だし巻き玉子焼き
草津温泉 草津ホテル（吾妻郡草津町）

シェフが目の前でご用意する
ふわっふわオムレツ♪
草津温泉 草津ナウリゾートホテル（吾妻郡草津町）

［栃木県］

とろ〜り卵が自慢!
自分で作るエッグベネディクト☆
鬼怒川温泉 あさや（日光市）

『那須和牛ごはん2016』
〜彩CHIRASHI〜
本格鉄板焼と温泉露天風呂の宿 リゾート 菊ホテル
（那須郡那須町）

なすひかりと那須御養卵の
「たま・ごま・んま」
那須温泉 りんどう湖ロイヤルホテル（那須郡那須町）

自然のうまみぎっしり
有機栽培米
那須温泉 美肌名湯と憩いの宿 茜庵（那須郡那須町）

「カラフルポテトの那須いろコロッケ」
カントリーハウス パディントン〈栃木県〉
（那須郡那須町）

栃木県

ふわとろっ♪苺のフレンチトーストミルクソース添え

栃木の名産、いちごをたっぷり2日間浸み込ませてからじっくりと焼いたフレンチトーストに、那須高原で作られた濃厚なミルクのソースをかけました。噛む度に溢れ出すいちごの旨味、酸味が、特製ソースの甘味と口の中で絶妙に融け合います。朝から至福の時が過ごせます。

**那須温泉
ホテルエピナール那須**

〒325-0302
那須郡那須町大字高久丙1番地
TEL：0287-78-6000

ホテル特製ソースの
バーニャカウダ
ホテル東日本宇都宮(宇都宮市)

那須御養卵の温たまかけご飯
〜彩りトッピング〜
那須温泉 ホテルサンバレー那須(那須郡那須町)

豆腐と湯葉の野菜添え、
べっ甲あんかけ、忍び生姜
創作会席と名湯畑下源泉かけ流し 美肌の湯宿 塩原湧花庵(ゆうかあん)(那須塩原市)

本物のお肉の食感《大豆のお肉》
日光湯元温泉 日光グランドホテル ほのかな宿樹林(日光市)

温泉でつくる御出汁の利いた
蕎麦の実の雑炊
塩原温泉 旅館 上会津屋(那須塩原市)

梅川流☆
じっくりことこと煮込んだ熱々! 肉豆腐
塩原温泉 湯宿 梅川荘(那須塩原市)

栃木県・東京都

伝統のオムレツが評判
金谷ホテルのご朝食
日光金谷ホテル（日光市）

高原野菜をふんだんに使った
すいとん鍋味噌仕立て
美肌の湯と寛ぎの宿 光雲荘（那須塩原市）

旬を味わう野菜
（自家製ドレッシングをつけて）
創作料理と源泉掛け流しの宿 本陣（那須塩原市）

【ライブキッチン】御養卵を使った
ふわふわオムレツ
那須温泉 ウェルネスの森 那須（那須郡那須町）

［東京都］

季節の国産野菜しゃぶしゃぶ
浅草ビューホテル（台東区）

朝の目覚めがここにある "元祖カリーベネディクト"

バゲットを器に、小麦粉を使わない "THE GATE Curry" とポーチドエッグを載せました。仕上げにオランデーズソース、野菜とリンゴをふんだんに使った優しいスパイスビーフカレー、ナイフを入れたらとろけ出す黄身。カリカリのバゲットと一緒にほおばれば、三位一体の美味しさです。

THE GATE HOTEL
(ザ・ゲートホテル) 雷門
by HULIC

〒111-0034
台東区雷門2-16-11
TEL：03-5826-3877

東京都

ヘルシーでバランスの良い
種類豊富な東京産野菜
ホテル龍名館東京（中央区）

北海道産の原材料にこだわった、
しっとりパンケーキ
コンラッド東京（港区）

朝からスタミナ満点♪
贅沢三昧! うなぎめし
リッチモンドホテル浅草（台東区）

朝食ローストビーフ
リーガロイヤルホテル東京（新宿区）

もんじゃコロッケ
ホテル法華クラブ浅草（台東区）

まるごとグレープフルーツジュース
リッチモンドホテルプレミア浅草（台東区）

店内で毎日焼き上げる
バターたっぷりクロワッサン
プレミアホテル―CABIN―新宿（旧 ホテルヴィンテージ新宿）（新宿区）

ホテル自家製ミックスジュース
フォレスト・イン昭和館（オークラホテルズ＆リゾーツ）（昭島市）

【鹿児島×セレスティン】
こだわりのオリジナル鶏飯
セレスティンホテル（港区）

半熟卵とソースモルネが絶妙!
エッグマフィン
ホテルイースト21東京（オークラホテルズ＆リゾーツ）（江東区）

特製萬古焼（ばんこやき）で炊き上げる
釜炊きご飯
ハイアット リージェンシー 東京（新宿区）

ほっこり♪ふるさとの味
"武蔵野うどん"
立川グランドホテル（立川市）

東京都・千葉県

朝からちゃんこ
両国ビューホテル（墨田区）

［千葉県］

出来立てがうれしい♪
キャラメルフレンチトースト
オリエンタルホテル東京ベイ（浦安市）

カリふわトロッ！リピート確実！
"パンペルデュ"
ホテル ザ・マンハッタン（千葉市）

グランカフェ特製浦安汁
シェラトン・グランデ・トーキョーベイ・ホテル（浦安市）

浜風のこだわり！
おひつで提供する山形「つや姫」
サンルートプラザ東京（浦安市）

BREAKFAST FESTIVAL 2016

五感で楽しむ♪オークラ伝統のフレンチトースト！

きめ細かなトーストパンを一晩冷蔵庫で乾燥させ、牛乳に、全卵、バニラエッセンスを加えた浸け汁に、さらにもう一晩浸け込むホテルオークラ伝統の仕込みを継承。"幸せな一日"のはじまりは、シェフが目の前でふわふわに焼きあげるオークラ伝統の"フレンチトースト"から。

**ホテルオークラ
東京ベイ**

〒279-8585
浦安市舞浜1-8
TEL：047-355-3333

千葉県・埼玉県

至福の「オーブンフレンチトースト」
浦安ブライトンホテル東京ベイ（浦安市）

地野菜ごろごろ、
ハマグリのクラムチャウダー
オーベルジュ オーパヴィラージュ（館山市）

トロトロになるまでじっくり煮込んだ
牛すじカレー
ホテルエミオン東京ベイ（浦安市）

こだわりのクロワッサン
三井ガーデンホテル プラナ東京ベイ（浦安市）

[埼玉県]

埼玉B級グルメ優勝★
秩父小昼飯の「みそポテト」
和銅鉱泉 薬師の湯 ゆの宿 和どう（秩父市）

BREAKFAST FESTIVAL 2016

■美味おこげ■土鍋で炊いたあつあつご飯を独り占め

土鍋の蓋を開けた瞬間、真っ白な湯気とお米の甘い香りが広がります。底にはおこげが。炊き加減は、蓋から出る湯気の匂いをかいで見極めるといい、職人技が光ります。米は秩父の農家の美味米で、宿の主が朝5時から支度を始め、宿泊客が席についた時に一番おいしいように、一組ごとに炊き上げています。

御宿 竹取物語

〒369-1802
秩父市荒川上田野56
TEL：0494-54-1102

埼玉県・神奈川県

埼玉県産たまご
"彩たまご"の玉子がけご飯
パレスホテル大宮（さいたま市）

[神奈川県]

中はとろっと大好評の
フレンチトースト♪
ヨコハマ グランド インターコンチネンタル ホテル
（横浜市）

モチモチ食感がたまらない！
フレンチトースト
小田急 山のホテル（足柄下郡箱根町）

お席で作るから出来立て！
魚介と野菜の絶品お味噌汁
湯河原温泉 味楽亭・三桝家（足柄下郡湯河原町）

シェフが作る
"かわいいオムレツ"
箱根ホテル 富士屋ホテルレイクビューアネックス
（足柄下郡箱根町）

BREAKFAST FESTIVAL 2016

口どけやさしい季節替わりの自家製豆腐

食感と香りにこだわった自家製豆腐です。朝のデリケートな時間、優しい口当たりにするため、にがりではなく葛を用いて滑らかにしています。宿泊客がその時季の食材を味わえるよう、季節ごとに食材を変え、夏は雲丹を提供しています。

箱根湯本温泉
箱根 花紋

〒250-0311
足柄下郡箱根町湯本435
TEL：0460-85-5050

神奈川県

**鎌倉ベーコンと玉ねぎたっぷり
トマトソースに温泉卵**
鎌倉パークホテル（鎌倉市）

出来たてアツアツ! はつはな湧水豆腐
箱根湯本温泉 ホテルはつはな（足柄下郡箱根町）

脂が乗った鯵の干物
強羅温泉 強羅にごりの湯宿 のうのう箱根
（足柄下郡箱根町）

**箱根西麓野菜をふんだんに使用した
せいろ蒸し**
箱根湯本温泉 月の宿 紗ら（足柄下郡箱根町）

**料理人が目の前で作る
「ふわっとろオムレツ」♪**
箱根湯本温泉 箱根湯本ホテル（足柄下郡箱根町）

**トッピングが楽しめる
ヘルシーな「フォー」**
横浜ベイシェラトンホテル＆タワーズ（横浜市）

BREAKFAST FESTIVAL 2016

**特選！朝から贅沢に芳醇な
金目鯛の干物を味わう♪**
仙石原温泉 料亭旅館 いちい亭（足柄下郡箱根町）

**特製フレンチトースト
〜季節のフルーツと共に〜**
オーベルジュ 箱根フォンテーヌブロー仙石亭（足柄下郡箱根町）

**好みの具材を
好きなだけのせて作る海鮮丼**
ヒルトン小田原リゾート&スパ（小田原市）

三浦・縁むすび
マホロバ・マインズ三浦（三浦市）

**カリカリ食感が絶妙！
オリジナル味噌漬けベーコン**
仙石原温泉 小田急 箱根ハイランドホテル
（足柄下郡箱根町）

**中華朝粥が人気の
和洋中バイキング**
ローズホテル横浜（横浜市）

COLUMN
旅の朝食には
いつもカレーが食べたくなる

　旅に出ると朝食にカレーライスを食べたくて仕方がなくなる。もともとカレーが好きで一年三百六十五日食べ続けても飽きない自信があるが、ふだんはそんな衝動に駆られたりはしない。それが旅先では決まって朝カレーなのだ。

　中学一年の夏、僕は一人で一泊二日の小旅行に出かけた。些細なことで父に何度も殴打され、止めに入った母に頼んでいくらかのお金を工面してもらい、電車とバスを乗り継いで神奈川県の丹沢山地にある集落を目指したのだ。今からすればよく母が許してくれたと思う。おそらくは仕事や扶養家族のことで屈託を抱え心が不安定だった父から、僕を束の間でも引き離した方がいいと考えたのだろう。
　集落のバス停で降りた僕は渓流を伝い、周囲の森に潜む昆虫を採集した。当時の僕は昆虫少年で、集落の地名も関東近郊の昆虫採集地を案内する書籍で知ったのだった。
　父に殴打された怒りや悲しみから顔をそむけるようにして森を歩いているうちに、いつしか雨が降り出していた。木陰で雨宿りしたが止む気配はない。
　「傘、ないの？」途方に暮れていた僕に、リュックを担いだ老齢の女性が傘を掲げてくれたのは日が西に傾きかけたころだった。老齢と書いたが実際はもっと若かったのかもしれない。彼女はどこか寂しげな眼差しをしていた。
　「一人で来たの？　泊まるところは？」
　「まだ決めていません」
　僕がかぶりを振ると彼女は「一緒の宿に泊まっていくといい」と言った。僕は彼女の傘に入れてもらい、川沿いの道を歩き出した。
　「あなたと同じくらいの年だったわ」
　川を見下ろす高台で彼女は立ち止まり、遠い目をした。
　「昔、この川で大水が出たことがあったの。その時、川遊びに来ていた息子が流されて死んでしまったの」
　僕は返す言葉を見つけられず無言で川面を見つめた。
　宿は小さな民宿だった。山菜や川魚の夕食を食べた後、僕たちは一緒にテレビを見て、布団を並べて横になった。僕はすっかり彼女に打ち解け、自分のことをあれこれ話した。父親はよく僕を殴るので好きじゃない。中学の友達とも親しくなれない。家を出て誰もいない森の中で暮らしたい……。
　彼女は「うん、うん」とうなずいてくれたが、やがて静かな寝息を立て始めた。僕は話を止め目を閉じた。怒りや悲しみ、惨めな気持ちに苛(さいな)まれていつまでも寝つかれなかった。

渋谷 和宏（しぶや かずひろ）
作家、経済ジャーナリスト
1959年横浜市生まれ。1984年日経BP社に入社、日経ビジネスアソシエ創刊編集長、日経ビジネス発行人などを務めた後、2014年3月同社を退職、独立。主な著書に長編ミステリー『罪人の愛』（幻冬舎）、ノンフィクション『稲盛和夫 独占に挑む』（日経経済新聞出版社）など。主な出演番組に「シューイチ」（日本テレビ）、「森本毅郎 スタンバイ!」（TBSラジオ）など。大正大学客員教授。

翌朝、食堂のテーブルに用意された朝食を見て、僕は驚いた。カレーライスだったのだ。丸皿にたっぷり盛られ、赤い福神漬が添えられている。スプーンは水を注いだコップに入っていた。

僕は自然に笑顔になっていたと思う。カレー粉を使い、片栗粉でとろみをつけたのだろう。カレーは素朴で優しい味わいだった。

夢中になって食べる僕を見て彼女も嬉しそうに笑い「これを少しかけるともっと美味しくなるよ」とウスターソースの瓶を差し出した。僕はソースをかけて食べてみた。確かにソースの甘さがカレーの味を際立たせてくれる。

僕はお代わりをした。満腹になるころには怒りや悲しみ、惨めな気持ちが薄らいでいた。

今でも僕は旅に出ると少年時代のあのささやかな冒険旅行を思い出す。講演に向かう新幹線の車中や取材旅行の途中で、ふとあの女はどうしているだろうと思う。そして丸皿にたっぷり盛られたあの朝食のカレーライスを思い浮かべる。今日一日の元気をくれたカレーライス、もしかしたら僕をこの世につなぎ止めてくれたかもしれない赤い福神漬とウスターソースと彼女の笑顔。

以来、僕は旅に出ると朝食にカレーライスを食べたくなる。ホテルの朝食でビュッフェのメニューの中にカレーがあれば必ず食べ、素泊まりの時には美味しいカレーライスを出してくれる店を宿の人に聞き、朝食の時間が多少遅くなろうとも訪ねてみる。

それらはどれもつくづく美味しいと思う。ホテルのカレーには肉や骨、野菜でしっかり出汁を取ったブイヨンが使われていたりするし、街場のレストランのカレーには種類豊富な香辛料が入っていたりして、カレーライスの進化、多様化には感心するしかない。

でも僕は洗練された欧風カレーやインドカレーを食べながらこうも思うのだ。あの素朴で優しいカレーライスをもう一度食べてみたいと。あの味わいは「忙しい」が口癖になってしまった中年男の僕にどんな力を与えてくれるのだろうかと。

中日本
エリア

[新潟県]

高島屋謹製
【鮭の味噌漬焼】
岩室温泉 高志の宿 高島屋（新潟市）

完全オーダーメイド!
あなたの為に作る黄金オムレツ
ホテルオークラ新潟（新潟市）

ほのかに昆布茶の味がする
源泉で炊いた「温泉粥」
越後長野温泉 妙湶和樂 嵐渓荘（三条市）

BREAKFAST FESTIVAL 2016

楽しく食育♪新潟カレー×魚沼米のとろ旨おにぎらず

新潟のブランド豚「つなんポーク」と県内産野菜を細かく刻み、子供が大好きなカレーに。実演調理の半熟目玉焼きもトッピングで、とろウマボリューム満点です。バイキングのキッズコーナーで宿泊客が自ら作れるので食育にも◎。野菜嫌いな子供でもパクパク食べられるおにぎらずで、朝から元気いっぱいになれます。

**エンゼルグランディア
越後中里（越後湯沢）**

〒949-6103
南魚沼郡湯沢町土樽4707-1
TEL：025-787-2811

新潟県・長野県

こだわったので、岩船産。
こしひかりの白いごはん
ジュラクステイ新潟（新潟市）

その場で握る、
日本一の南魚沼産コシヒカリお握り！
越後湯沢温泉 湯沢グランドホテル〈新潟県〉
（南魚沼郡湯沢町）

新潟ご当地グルメ
たれカツ丼
アートホテル新潟駅前（新潟市）

今年から始めました
お茶漬けが好評です♪
アパホテル&リゾート〈上越妙高〉（妙高市）

やたらと美味しい！
やたら朝まんま
越後松之山温泉 凌雲閣（十日町市）

つきたて新潟県産こがね餅、
選べる4種のトッピング
月岡温泉 白玉の湯 泉慶（新発田市）

BREAKFAST FESTIVAL 2016

枝豆の香りと食感
枝豆のがんもどき
弥彦温泉 美味満開 名代家（西蒲原郡弥彦村）

漬物とサラダの中間のような
「やたら朝まんま」
松之山温泉 ひなの宿 ちとせ（十日町市）

炊き立てコシヒカリのおにぎり
ホテルイタリア軒
（ホテルニューオータニアソシエイトホテル）（新潟市）

普段出来ないプチ贅沢を！
山芋と鶏そぼろのお月見丼
月岡温泉 ホテル清風苑（新発田市）

［長野県］

体にしみこむ旨さ。
白骨名物自家製のまろやか温泉粥
白骨の名湯 泡の湯（松本市）

長野県

贅沢朝ごはん個室料亭で信州プレミアム牛ひつまぶし

朝から豪華な、「信州プレミアム牛肉」を使った「ひつまぶし」です。信州特産のブランド牛と真っ白な炊きたての木島平産コシヒカリとの、絶妙なコラボレーション。まずはそのまま肉とご飯を。その後は、わさびと刻みのりをのせ、出汁をかけたお茶づけと、2回楽しめます。

湯田中温泉 燈火、
旬遊の宿 あぶらや燈千

〒381-0402
下高井郡山ノ内町大字佐野
2586-5
TEL：0269-33-3333

BREAKFAST FESTIVAL 2016

【信州ブランド豚】みゆきポークの
信州味噌仕立鍋!
野沢温泉 河一屋旅館（下高井郡野沢温泉村）

軽井沢発! シンプルを極めた
"ふわとろ"オムレツ♪
ドーミー倶楽部 軽井沢（北佐久郡軽井沢町）

信州の食材づくしの
『温泉蒸し』
浅間温泉 ホテル玉之湯（松本市）

あまぁーい! モロコシたっぷり
大人気の厚焼き玉子!
和食の宿 一歩（てくてく）（上水内郡信濃町）

洋風だし巻き卵に
自家製トマトソースを添えて。
天竜峡温泉 静かな渓谷の隠れ宿 峡泉（飯田市）

出来立て熱々ふわふわの
「たまご焼き」
美ヶ原温泉 湯宿 和泉屋善兵衛（松本市）

長野県

料理長監修の自家製味噌で味わう
〜旬の蒸し野菜〜
松本駅から一番近い大浴場のある ホテルニューステーション〈長野県〉（松本市）

カラダにやさしい蕎麦雑炊
Soba Porridge
蓼科温泉 蓼科グランドホテル滝の湯（茅野市）

本場フランスから輸入した
焼きたてのクロワッサン
白馬かたくり温泉 レストラン＆ホテル トロイメライ
（北安曇郡白馬村）

朝からご飯もススム!!
葱味噌柏の葉焼き
上林温泉 上林ホテル仙壽閣（せんじゅかく）
（下高井郡山ノ内町）

白骨温泉で炊いた温泉粥
白骨温泉 つるや旅館〈長野県松本市〉（松本市）

アツアツ白米に
「ま〜ず味噌」を添えて♪
上諏訪温泉 RAKO華乃井ホテル（諏訪市）

BREAKFAST FESTIVAL 2016

明神館フレンチの新定番
「エッグベネディクト」
扉温泉 明神館（松本市）

菊之湯オリジナル
自家製ヨーグルト
浅間温泉 菊之湯（松本市）

美味しいお米を使った手作り【五平餅】
プレミアホテル―CABIN―松本
（旧 トーコーシティホテル松本）（松本市）

信州産果物のみを使った
砂糖控えめの手作りジャム
源泉の宿 まるいし（北安曇郡白馬村）

手作りハム
（日替わりサラダ・卵料理に併せて）
ぶれじーる（須坂市）

お蕎麦屋さんの
まかない朝カレー
民芸旅館 深志荘（松本市）

長野県・山梨県

鯖の野菜五目煮
信州松代ロイヤルホテル〈長野市〉

そば好きにはたまらない!
そばの実雑炊
中尾山温泉松仙閣〈長野県〉〈長野市〉

[山梨県]

構想30年!
糸柳特製・きのこカレー
石和名湯館 糸柳〈笛吹市〉

出来立て
ホットサンドウィッチ
鉄板焼き&ワインの旬宿 夢野樹〈南都留郡山中湖村〉

目の前で焼上げお代りもできる
旅亭出汁の厚焼き玉子
石和温泉 富士野屋夕亭〈笛吹市〉

BREAKFAST FESTIVAL 2016

ふわふわフレンチトーストに自家製ジャムを添えて

卵液が芯までじんわりしみ込んだバゲットを、表面はカリッと中はフワッとジュワっと焼き上げて作るフレンチトーストには、シェフこだわりの自家製果物ジャムが良く合います。素敵な高原の1日の始まりにふさわしい、ちょっぴりオシャレな朝ごはん。

**大泉高原
八ヶ岳ロイヤルホテル**

〒409-1501
北杜市大泉町西井出字石堂
8240-1039
TEL：0551-38-4455

073

山梨県・静岡県

地元野菜と果実を生搾り!
ビタミン満点スムージー♪
ホテル春日居（笛吹市）

高原のミルクたっぷり
絶品クラムチャウダー
プチホテル&レストラン オールドエイジ（北杜市）

［静岡県］

お出汁にこだわって25年!
絶品伊勢海老のお味噌汁
熱海温泉 月の栖 熱海聚楽ホテル（熱海市）

熱海初島産の天草で作った
ヘルシー「ところてん」
熱海温泉 源泉かけ流しの宿 ホテル貫一（熱海市）

サクッフワッの焼きたて
ホットサンドイッチ
伊豆高原温泉 全室露天風呂付 英国調ホテル かえで庵
（伊東市）

BREAKFAST FESTIVAL 2016

猫またぎの約束。

"98%のお客様が美味しいと言った入魂の一品"。10年間継ぎ足しを繰り返す熟成秘伝のタレでふっくら仕上げた、金目鯛専門店の煮付けです。甘すぎず辛すぎず、宿泊客からは「こんな煮付け初めて食べた!」「誰か私の箸を止めてください!」といった声が寄せられているそうです。

**伊豆・伊東
金目鯛の宿　こころね**

〒414-0001
伊東市宇佐美3713-16
TEL：0557-47-4547

静岡県

朝一番の伊豆グルメ☆
伊勢海老鬼柄お味噌汁
ペットと泊まれる貸切天然温泉の宿 マーフィ(伊東市)

贅沢朝ごはん!
熱々「伊豆産黒アワビ餡かけ」
伊豆高原温泉 全室露天風呂付 二階家離れの宿
お宿うち山(伊東市)

自分で焼けちゃう!
肉厚でジューシーなアジの干物
伊東温泉 音無の森 緑風園(伊東市)

毎朝手作り無料朝食♪
体に優しいカボチャサラダ☆
伊豆・伊東温泉 お風呂ずきの宿 大東館(伊東市)

フレンチトースト
大江戸温泉物語 熱海温泉 あたみ(熱海市)

ご朝食の時間に合わせて炊き上げる
"釜炊きご飯"
和モダンオーベルジュ 熱海TENSUI(熱海市)

BREAKFAST FESTIVAL 2016

新鮮野菜と手作りドレッシングの温野菜ビュッフェ
熱海温泉 HOTEL MICURAS（ホテルミクラス）（熱海市）

くるみチーズパン
伊東温泉 愛犬と泊まれる宿アップルシード（伊東市）

栄養満点！ネバネバが人気の「養老和え」
湯宿 みかんの木（熱海市）

パリのカフェごはん♪ 焼きたてクロックムッシュ♪
伊豆高原 海の見えるオーベルジュ パルテール（伊東市）

「旨い小麦粉を使う事が全て！」シェフ特製パン
海のごちそう WATANABE（伊東市）

国産大豆100％使用の手作り豆腐
絶景掛け流しの宿 熱海月右衛門（熱海市）

静岡県・三重県

鮑の旨みがぎっしり!
胡麻油の香ばしさが薫る鮑粥♪
伊豆高原 旨い酒と料理の宿 森のしずく（伊東市）

女性に嬉しい手作り柔らか
ベーコン&ベジモーニング
海のある伊豆高原 オーベルジュ ピーコック　ヒル（伊東市）

だし巻き卵
弓ヶ浜温泉 くつろぎの御宿 花さと（賀茂郡南伊豆町）

金目鯛を3種の味わいで愉しむ
「金目鯛茶漬け」
御宿 風月無辺（賀茂郡東伊豆町）

ヘルシー! 春雨スープ
～浜名湖海苔の香りを添えて～
浜名湖ロイヤルホテル（浜松市）

禅を感じる宿坊より
"ぷるっぷる"こんにゃくお刺身
天城温泉禅の湯（賀茂郡河津町）

BREAKFAST FESTIVAL 2016

こだわりの静岡茶でお召し上がりいただく
静岡茶漬け
静鉄ホテルプレジオ 静岡駅南（静岡市）

伊豆産のウニと湯葉を使った
「雲丹湯葉餡かけ」
源泉と離れのお宿 月（伊東市）

[三重県]

伊勢神宮早朝参りの伝統食
「かたぱん」
いにしえの宿 伊久（伊勢市）

伊勢海老お味噌汁
答志島温泉 波音の宿 中村屋（鳥羽市）

スペイン石釜パン
アクアイグニス 片岡温泉（三重郡菰野町）

三重県・岐阜県

朝から豪快! 大評判の漁師丼!

この宿で干物バイキングと並んで人気なのが、旬の3種の鮮魚を総料理長秘伝のタレで漬け込み、お好みで盛り付けて食べる「季の座風漁師丼」。トッピングも用意されています。リピーターの中には、お茶漬けにする人もいるそうです。

ホテル 季の座

〒519-3204
北牟婁郡紀北町紀伊長島区東長島3043-4
TEL：0597-46-2111

BREAKFAST FESTIVAL 2016

おばあちゃん特製豆味噌で作った
伊勢海老汁
漁師の宿 まさみや（鳥羽市）

【漁師汁】香りたつ志摩の逸品!
あおさと共に
プレミアリゾート 夕雅 伊勢志摩（志摩市）

味噌で香ばしく焼き上げた伊賀郷土料理
『豆腐田楽』
青山ガーデンリゾート ホテルローザブランカ（伊賀市）

［岐阜県］

グツグツ具だくさん♪
龍スパオリジナル朴葉味噌焼き
美肌の源泉100％かけ流し 高山龍神温泉 龍リゾート
＆スパ（高山市）

飛騨牛ローストビーフ
サンドウィッチ
奥飛騨温泉郷 寛ぎの舎 游（高山市）

岐阜県・愛知県

海洋深層水のジュレ入りスープサラダ

味は、日本食の原点を見直したいりこ出汁。和食の基本に抗う深みのあるスープと海洋深層水で作ったジュレが、生野菜と相性抜群。何度も口にしたくなる新感覚のサラダです。日本料理人が原点回帰を繰り返し、和食にしかない旨味を追求した結果、朝にぴったりの一品に仕上がりました。

小川屋別館　ゆらぎ
―YURAGI―

〒509-2207
下呂市湯之島570
TEL：0576-25-3121

BREAKFAST FESTIVAL 2016

体内活性作用抜群の力水
下呂温泉 和みの畳風呂物語の宿 小川屋（下呂市）

［愛知県］

冷やし茶漬け―お出汁（だし）が決め手!
―都心の天然温泉― 名古屋クラウンホテル
（名古屋市）

必食! 名古屋めし! うなぎごはん
リッチモンドホテル名古屋新幹線口
（2016年5月20日オープン）（名古屋市）

日本一の漁獲量!
篠島産しらす丼♪
篠島ロイヤルホテル 香翠荘〈篠島〉（知多郡南知多町）

これぞ三河の味!
ふっくら大きなあさりの味噌汁
三谷温泉 松風園（蒲郡市）

083

愛知県・富山県

なごやめし代表☆天むす☆

ひとくちサイズのおむすびに味のついたエビの天ぷらが入っている、名古屋名物「天むす」。数ある「なごやめし」の中でも人気のある名古屋のソウルフードです。「一日のはじまりはやっぱりお米」という人はもちろん、そうでない人にもおすすめです。

**ANAクラウンプラザ
ホテルグランコート
名古屋**

〒460-0023
名古屋市中区金山町1-1-1
TEL：052-683-4111

BREAKFAST FESTIVAL 2016

三河の幸のせのせ★
伊良湖風 温玉のたまごかけご飯
伊良湖ビューホテル(田原市)

1日50食限定!
その日産みたての卵かけごはん。
名古屋金山ホテル(名古屋市)

[富山県]

いつでも食べられる富山の味
【ホタルイカの甘露煮】
お宿 いけがみ(魚津市)

豆腐職人の手作り豆腐
宇奈月温泉 宇奈月杉乃井ホテル(黒部市)

土鍋で炊き上げる富山米
リバーリトリート雅樂倶(富山市)

富山県・石川県

富山県民自慢の郷土料理「小松菜のよごし」

地元農家で穫れる四季折々の旬の野菜を田舎味噌で炒めて仕上げた郷土料理「よごし」。この名前は、味噌で野菜を「汚す」と言うところからきているそうです。名水と呼ばれる富山の水が育てた、炊きたて「コシヒカリ米」と一緒に、この宿自慢の小松菜よごしをいただくことができます。

砺波ロイヤルホテル

〒939-1492
砺波市安川字天皇330
TEL：0763-37-2000

BREAKFAST FESTIVAL 2016

だしたっぷり♪はまぐりの味噌汁
天然温泉 浜辺の宿あさひや
(旧 しょうりんの湯 民宿あさひや)(氷見市)

**料理長てづくり
ふんわり出汁巻きたまご**
黒部峡谷トロッコ電車駅前 フィール宇奈月(黒部市)

氷見名物 ととぼち汁
氷見温泉郷 魚巡りの宿 永芳閣(BBHホテルグループ)
(氷見市)

［石川県］

**若女将の懐かしい故郷の味。
鮭のちゃんちゃん焼き**
山代温泉 彩華の宿 多々見(加賀市)

**湯涌かぶらのポン酢でいただく、
まろやか「とっぺ」**
金沢湯涌温泉 湯の出旅館(金沢市)

石川県・福井県

加賀小坂れんこんと鶏手羽元のほろほろ煮

加賀野菜の一つ、粘り気の強さが特徴で、特に煮物にするとおいしい「加賀小坂れんこん」と、鶏手羽元をほろほろになるまで炊き合わせ、甘辛く味付けしています。調味料にもこだわり、地元金沢の「大野醤油」がふんだんに使われ、風味良く仕上がっています。

金沢白鳥路 ホテル山楽
（旧 金沢白鳥路ホテル）

〒920-0937
金沢市丸の内6-3
TEL：076-222-1212

BREAKFAST FESTIVAL 2016

いしる風味の出汁巻玉子
山中温泉河鹿荘ロイヤルホテル（加賀市）

近江町市場直送の刺身を贅沢に！
ご自身で作る海鮮丼
ANAホリデイ・イン金沢スカイ（旧 金沢スカイホテル）
（金沢市）

朝食ブッフェで金沢らしいおでん
ホテルトラスティ金沢香林坊（金沢市）

［福井県］

旅館の朝食で出されると嬉しい温泉卵
北陸最大級の庭園露天風呂の宿 清風荘（あわら市）

旅館で食べる朝カレー
あわら温泉 政竜閣（あわら市）

福井県

釜炊きの福井県産コシヒカリ

福井県はコシヒカリ発祥の地。この宿では、朝食に釜炊きの福井県産コシヒカリがいただけます。

あわら温泉 グランディア芳泉

〒910-4193
あわら市舟津43-26
TEL：0776-77-2555

BREAKFAST FESTIVAL 2016

海の幸の味覚がぎゅ〜っと溢れる
岩本屋自慢の味噌汁
越前海岸 玉川の宿 岩本屋（丹生郡越前町）

【お味噌汁】磯汁
北陸 あわら温泉 まつや千千（あわら市）

銅釜で一気に炊き上げる
最高の奥越前産コシヒカリ
三国温泉 荒磯亭（坂井市）

イカといっても季節によって
種類色々イカ刺し
甚平旅館（丹生郡越前町）

水飯土鍋炊コシヒカリに
「おけら牧場」の卵かけご飯
芦原温泉 日本の宿 べにや（あわら市）

焼きたてでふっくら香ばしい♪
カレイの一夜干し
しきぶ温泉 湯楽里（越前市）

COLUMN
染み渡るだしスープ、
しあわせの和定食。

　昆布にかつお節、煮干し、干し椎茸。たまに、干し貝柱や干しえび。わが家の冷蔵庫には、いつも水出しのだしが入っている。中でも、昆布だしは、麦茶ポットに必ず常備。1リットルの水に、20グラムの昆布を浸けておくだけだ。軟水の関西は一晩でだしが出るが、水質の異なる関東以北では、2日はおきたい。冷蔵庫に入れておくだけで、しっかりとしたおいしいだしが出る。

　かつおだしは、使いたいときにコーヒードリッパーでとる。ドリッパーにペーパーフィルターをセットし、花かつおをバサッとひとつかみ。沸騰したお湯をちょろちょろと注げば、香り高いかつおだしがすぐにひける。

　冬の朝は、これらの簡単だしを使った、熱々のだしスープがわが家の定番だ。これまでに数え切れないほど作っているのが、「昆布だしのかきたまスープ」。冷蔵庫の昆布だしを温め、薄口醬油をひとたらし。菜箸でといた卵を流し入れ、パッと花が開いたように卵がふんわりと浮いたら出来上がり。あれば、小口切りのねぎをぱらぱらと。まあ、ないことのほうがほとんどだけれど。冷蔵庫に昆布だしと卵は必ず入っているので、インスタント感覚でいつでも作れる簡単スープ。「昆布のうまみってこういうことなんだ」ということがはっきりとわかる、シンプルながらもしみじみとおいしくて、何度作ってもまったく飽きることがない。

　ほかにも、昆布だしでよく作るのが、「かぶと厚切りベーコンのスープ」。ひと口大に切ったかぶと厚めに切ったベーコンを昆布だしで煮込み、お好みで塩か薄口醬油を少々。これだけ。昆布のうまみにベーコンのだしとうまみが合わさって、味付けなしでもいけるほど。

　これらのスープは、昆布だしでも、かつおだしで作ってももちろんおいしい。「絶対にかつおだしじゃなきゃ」と思う汁物は、なんといっても豚汁だ。かつおだしには、みそに負けないしっかりとしたうまみがあるので、「昆布だしでは繊細すぎるかな」というときには、こちらを使うことが多い。

　朝からめんどうがらずに豚汁が作れる秘訣(というほどのことでもないけれど)は、切らずに済む食材だ。材料はそのときにあるものを使うので毎回変わるが、たとえば豚こま、ごぼう、里芋、白菜。豚こまはそのまま使えるとして、ごぼうと里芋は冷凍野菜を愛用。すでにカットされており、里芋は下ゆでまで済んでいるため、袋からザザッとかつおだしの入った鍋に入れるだけ。白菜は、1/4サイズを買ったら、一度にぜんぶざく切りにして保存容器に入れている。いわば、自家製カット野菜だ。これまた手でバサッとつかんで鍋に入れるだけ。かつおだしで煮込んだら、み

梅津 有希子（うめつ ゆきこ）
ライター／編集者、だし愛好家

北海道出身。雑誌編集者を経て2005年に独立。自身の経験からおもしろいと感じたことを追求して、さまざまなテーマで執筆や講演を展開している。著書に『終電ごはん』『今夜も終電ごはん』（ともに幻冬舎）、『だし生活、はじめました。』（祥伝社）、『吾輩は看板猫である』『高校野球を100倍楽しむ　ブラバン甲子園大研究』（ともに文藝春秋）などがある。公式サイト:umetsuyukiko.com

そで味をととのえる。これだけ。まな板と包丁を使わずとも、朝からだしのきいた豚汁を作ることはできるのだ。

冬は、どのスープにもすりおろし生姜を入れる。チワワの散歩で冷えた爪先や指先がすぐにポカポカになり、じんわりと汗ばむほどだ。とはいえ、毎回生姜をすりおろすなんてめんどうなことはしていられないので、一度にまとめてすりおろした生姜を、広げたラップの上に平らにならし、風呂敷のようにラップをたたんで冷凍庫に入れるだけ。板状になった生姜は、パキパキと適当に折ってスープに投入。すぐにとけるので、めんどうくさがりな自分でも続いている。「生姜は一度に大量にとるのではなく、少しずつでも毎日とったほうが体にいい」と以前何かのテレビでやっていたのを見てから、毎朝のスープに入れるようになったのだ。

激務の夫は、毎晩終電で帰ってくる。作れるときは深夜に簡単なごはんを作っているが、作れなかったときも、朝、だしスープを飲んでくれれば気持ちがホッとする。せめて朝だけでも、体にいいものをとってくれればと。だしさえあれば、あれこれいろんな調味料を入れなくても、おいしいスープがすぐに作れるのだ。

時間に余裕のある週末は、旅館のような和定食を夫婦で楽しむのがささやかなしあわせだ。定食を作るときは、ドリッパーではなく、鍋でまとめて1リットルのかつおだしをとる。水を沸騰させたら火を止め、かつおぶしをたっぷり30グラム投入。沈んだら濾して出来上がり。

ル・クルーゼの鍋でごはんを炊き、みりんをひと塗りした鮭を焼く。こうするとふっくらしておいしいと、料理研究家の友人に教えてもらったのだ。ほうれん草のおひたしを作り、だしのきいた卵焼きを焼く。とうふとわかめのみそ汁を作れば、しみじみおいしい和定食の完成だ。

立ちのぼるだしの香りにうっとりとしあわせを感じるのは、やはり日本人なんだなぁ……と、毎回実感する。だしをとるだけで癒され、作る品数はちょっと多いけれど、一週間の出来事を話しながらゆっくりと楽しむ朝食は、なかなかいいものだなと、毎回思う。これが毎日だときっと続かない。週末限定だからこそ、楽しく続けられているのだろう。

だしさえあれば、日々のごはんも、自分の心も、ちょっとだけ豊かになる。だし生活を始めてから、そんなことを実感する日々なのである。

西日本エリア

[滋賀県]

近江八幡名産
赤こんにゃくと丁字麩のロワイヤル
ホテルニューオウミ
（ホテルニューオータニ アソシエイト）（近江八幡市）

フルーツトッピングいっぱいの
飲むサラダ
長浜ロイヤルホテル（長浜市）

山芋とほうれん草のたまご蒸し
多彩な湯めぐり四季の幸を愛でる宿 湯元館（大津市）

ごはんによく合う
「近江牛の肉味噌」
彦根キャッスル リゾート&スパ（彦根市）

豆乳のフラン朝宮茶風味
クサツエストピアホテル（草津市）

紅鮎特製朝粥
旅館 紅鮎（長浜市）

"太陽と空と湖の恵み"
【長浜名物焼き鯖そうめん】
北ビワコホテル グラツィエ（長浜市）

[京都府]

こだわりの京都松茸おこわ
―良き日のはじまりに―
湯の花温泉 すみや亀峰菴（亀岡市）

京都府

柔らか肉厚の鮑をお粥に、朝から贅沢「あわび粥」

豪華食材を使った、予約制の朝食「くじゃく膳」に登場する「あわび粥」。柔らかく蒸し煮した鮑と京丹波産コシヒカリが、お粥の華を咲かせたところで火を止めるという、こだわりの炊き加減で仕上げたお粥です。開業以来変わらぬレシピのやさしい餡をかけていただきます。

京都ブライトンホテル

〒602-8071
京都市上京区新町通中立売（御所西）
TEL：075-441-4411

BREAKFAST FESTIVAL 2016

京名物 自分でつくる
「にしんそば」
ホテル京阪京都グランデ（京都市）

天然サザエの壺焼き
楽しむ漁師の朝の元気ご飯
間人温泉 炭平（京丹後市）

一つ一つ焼く！
地卵の焼き立てふわとろオムレツ
水辺のHOTEL 小さな白い花（京丹後市）

車麩のフレンチトースト
メープルナッツソース
ホテルグランバッハ京都（京都市）

京都美山産の卵 九条ねぎとポテトの
京湯葉包み蒸し
リーガロイヤルホテル京都（2016年9月8日リニューアルオープン）（京都市）

★お腹いっぱい！
目の前で作るボリューミーサンド★
SAKURA TERRACE（サクラテラス）（京都市）

京都府・兵庫県

カラダからキレイになる私のための
「野菜スイーツ」
天橋立 宮津ロイヤルホテル（宮津市）

手づくり自慢の
ふっくら出汁巻き卵
京都東本願寺前 山田屋旅館（京都市）

種類豊富で体にやさしい
おばんざいビュッフェ
三井ガーデンホテル京都新町 別邸（京都市）

ドーミーインの朝自慢！
京豆腐を使った冷奴
天然温泉 花蛍の湯 ドーミーインPREMIUM京都駅前（京都市）

自慢の絶品みそ汁！ 長寿の秘訣はこれ!?
アラメ汁
丹後旅の宿 万助楼（まんすけろう）（京丹後市）

自家菜園謹製「玉葱の甘い器」で、
地どれ卵の朝食！
SAKEソムリエ（酒匠＝さかしょう）のいる隠れ家 天橋立 酒鮮の宿 まるやす（宮津市）

［兵庫県］

雲の下に広がる海と山の恵み
【食べる贅沢スープ】
神戸ポートピアホテル（神戸市）

朝から健康♪
山陰地方食材の豊富な「せいろ蒸し」
山陰湯村温泉 湧泉の宿 ゆあむ（美方郡新温泉町）

海を臨むロケーションで食べる
フレンチトースト
神戸メリケンパークオリエンタルホテル（神戸市）

ライブ感溢れる
朝食ブッフェの絶品フレンチトースト
神戸ベイシェラトンホテル＆タワーズ（神戸市）

香ばしい薫りが食欲をそそる
地魚の干物の炙り
南あわじ温泉郷 ホテルニューアワジ プラザ淡路島（南あわじ市）

兵庫県

島の朝ごはん～島たまねぎとしらす海鮮ちらしごはん

島の朝ごはんをコンセプトに淡路島の食材をたっぷり盛り込んだ島ちらし。甘みたっぷりの淡路島たまねぎ、名物島しらすや明石・鳴門のタコ、甘くてコリコリのイカなど、旬のおいしい海鮮や野菜をたっぷり使用しています。

淡路島洲本温泉 海月舘

〒656-0022
洲本市海岸通1-3-11
TEL：050-3160-0100

BREAKFAST FESTIVAL 2016

明石タコのカレーごはん
シーサイドホテル舞子ビラ神戸（神戸市）

オークラ伝統の
ふっくらフレンチトースト
ホテルオークラ神戸（神戸市）

地元食材をたっぷり使用、
焼きたてフレンチトースト
洲本温泉 夢泉景別荘 天原〈淡路島〉（洲本市）

朝活島ごはん！
お好み具材で淡路島玉ねぎご飯茶漬け
南淡路ロイヤルホテル〈淡路島〉（南あわじ市）

淡路島と近郊の
新鮮な地元野菜を使ったサラダ
ウェスティンホテル淡路〈淡路島〉（淡路市）

島育ち野菜たっぷりの
18品目シェフサラダ
洲本温泉 海のホテル 島花〈淡路島〉（洲本市）

兵庫県・大阪府

フレッシュ野菜でつくったスムージー
ANAクラウンプラザホテル神戸（神戸市）

美味しすぎてごめんナスって！
城崎温泉 湯楽 Yuraku Kinosaki Spa&Gardens（豊岡市）

だし汁がたっぷり入った
ふっくらだし巻き玉子
有馬温泉 御幸荘 花結び（神戸市）

［大阪府］

モーニングローストビーフ
リーガロイヤルホテル（大阪市）

クチコミ人気No.1☆
大阪名物ミックスジュース
ホテル京阪天満橋（大阪市）

BREAKFAST FESTIVAL 2016

京の朝膳　〜すっぽん雑炊〜

2時間煮込んだすっぽんスープで、魚沼産コシヒカリとすっぽんの身を炊いたもの。ヘルシー志向の女性にも好評で、男性からは二日酔いで食欲がない朝に優しいとの声も聞かれます。近頃では外国の宿泊客からも美味しいと評判の、自慢の一品です。

**ホテル阪急
インターナショナル**

〒530-0013
大阪市北区茶屋町19-19
TEL：06-6377-2100

大阪府・奈良県

大人気★『龍のたまご』の
たまごかけごはん
ホテル京阪京橋グランデ（大阪市）

大阪のソウルフード
「自家製どて焼き」
ホテル大阪ベイタワー（大阪市）

シェフが実演！
☆人気No.1！出来立てクレープ☆
ホテル京阪 ユニバーサル・シティ（大阪市）

今話題のスーパーフードで！
★アレンジヨーグルト★
ホテル京阪 ユニバーサル・タワー（大阪市）

濃厚！バリタワー特製！
龍のたまごの究極TKG！
ホテルバリタワー大阪天王寺（大阪市）

関西風茶碗蒸し
小田巻き蒸し
ホテル法華クラブ大阪（大阪市）

BREAKFAST FESTIVAL 2016

大阪名物☆箱寿司
湯元「花乃井」スーパーホテル大阪天然温泉（大阪市）

自家製ピリ辛ダレで食す☆
ロミロミサーモン
ニューオーサカホテル（大阪市）

[奈良県]

～興福寺監修～
奈良・興福寺伝統の「精進汁」
ホテル日航奈良（奈良市）

大和肉鶏有精卵の
オリジナルスクランブルエッグ
NARAMACHI HOSTEL&RESTAURANT
（奈良市）

大和の茶粥
ホテル アジール・奈良（奈良市）

105

奈良県・和歌山県

まほろば赤牛のハンバーグと奈良県産彩り野菜達

脂肪分が少なく、豊潤な香りが漂う奈良県産まほろば赤牛だけで作ったハンバーグ。きのこ、蓼味噌、柿の葉しょうゆの3種のソースでいただきます。奈良県産の彩り野菜を添えて、朝からハンバーグを食べましょう。

橿原ロイヤルホテル

〒634-0063
橿原市久米町652-2
TEL：0744-28-1511

BREAKFAST FESTIVAL 2016

ほっこりやさしい味♪
奈良地方の郷土料理「飛鳥鍋」
ホテルサンルート奈良（奈良市）

［和歌山県］

フレンチトースト
"sea" you again!
白浜温泉 ホテル川久（西牟婁郡白浜町）

本州最南端で食べる!
なんたん「海山鰹茶漬け」
串本ロイヤルホテル（東牟婁郡串本町）

生マグロ解体ショーと、
さばきたてのマグロの握り
和歌山マリーナシティホテル（和歌山市）

紀州梅ちりめんオムレツ
白浜古賀の井リゾート&スパ
（旧 白浜温泉 コガノイベイホテル）（西牟婁郡白浜町）

和歌山県

料理長秘伝! 和歌山の超ローカルグルメ! めはり寿司

和歌山県人ならみんなうれしい母の味、超ローカルグルメの「めはり寿司」。釜あげしらすや紀州梅、加太のひじきなどが使われています。新鮮食材たっぷりの漁師町加太で腕を振るう総料理長が作る、家庭とは一味違う秘伝の味。朝から元気にかぶりつきたい一品です。

**和歌山加太温泉
加太海月
(旧 吾妻屋
シーサイドホテル)**

〒640-0103
和歌山市加太1905
TEL：050-3163-0015

BREAKFAST FESTIVAL 2016

紀州の海幸と南高梅の出逢い♪
うめぇ〜しらす丼
紀州南部ロイヤルホテル（日高郡みなべ町）

名物すさみ産イノブタの
手作りウインナー
南紀すさみ温泉 ホテル ベルヴェデーレ
（西牟婁郡すさみ町）

「紀州うめたまご」使用!
出来たてホカホカだし巻卵
料理旅館 神 海（西牟婁郡白浜町）

女将特製!
地元の枝豆入り卵焼き
やまさき屋旅館（東牟婁郡古座川町）

☆高菜と真心で包む和歌山名物
手作りめはり寿司☆
天然温泉 紀州の湯 ドーミーインPREMIUM和歌山
（和歌山市）

いらぎの味醂干し
南紀勝浦温泉 くつろぎの宿 料理旅館 万清楼
（東牟婁郡那智勝浦町）

COLUMN
朝食の不思議と スペシャルな一品

BREAKFAST FESTIVAL 2016

たかしまてつを
画家／イラストレーター

1967年愛知県生まれ。1999年ボローニャ国際絵本原画展入選、2005年ほぼ日マンガ大賞受賞、2005年二科展デザイン部イラストレーション部門特選賞を受賞。代表作は「ビッグ・ファット・キャット」シリーズ（幻冬舎）、『ブタフィーヌさん』（幻冬舎文庫）など。近刊に絵本『とりがいるよ』（共著／角川書店）。http://www.tt-web.info

中国・四国エリア

[鳥取県]

宍道湖産
しじみのお味噌汁
皆生温泉 いこい亭 菊萬（米子市）

山陰野菜焼
☆あま～い山陰白ネギー本焼＆奥出雲椎茸
大山ロイヤルホテル（西伯郡伯耆町）

調理師の舌で決まる
シンプルなお味噌汁
三朝薬師の湯 万翠楼（東伯郡三朝町）

BREAKFAST FESTIVAL 2016

贅沢♪鳥取を味わうカレイ&ハタハタ二種の干物盛り

「せっかく皆生温泉に来られたのだから旅館を出る最後まで鳥取を楽しんでほしい」──そんな大女将の想いから、皆生つるやでは「適度な脂身で朝にピッタリのカレイ」と「旨みのつまったハタハタ」の二種類の地魚を贅沢に提供しています。鳥取の味が堪能できる朝ごはんです。

皆生温泉
四季を奏でるさらさの宿
皆生つるや

〒683-0001
米子市皆生温泉2-5-1
TEL：0859-22-6181

岡山県

[岡山県]

関金産♪
イワナのあっさりひつまぶし朝食
湯原温泉 ゆばらの宿 米屋（真庭市）

玉野温玉めし（あなごめし）
ANAクラウンプラザホテル岡山
（旧 岡山全日空ホテル）（岡山市）

自家製♪丁寧にアクを取り続けて焚く
ちりめんじゃこ
湯郷温泉 やさしさの宿 竹亭（美作市）

朝から栄養満点！
湯けむり☆麦とろ飯が旨いんじゃ♪
湯原温泉 湯原国際観光ホテル 菊之湯（真庭市）

毎朝手作り豆富！
大豆の自然な甘みと風味が格別！
岡山 後楽ホテル（岡山市）

BREAKFAST FESTIVAL 2016

岡山のブランド牛「千屋牛」の熟成フィレカツサンド

高級和牛のルーツといわれ、和牛の中の和牛と称される岡山県のブランド牛「千屋牛」。最高級部位である熟成フィレ肉を使用して、カツサンドに仕立てています。オリジナルソースのコクのある香りが、食欲をかきたててくれます。1日のはじまりを贅沢に迎えられるでしょう。

湯原温泉 我無らん

〒717-0402
真庭市湯原温泉114
TEL：0867-62-2292

岡山県・島根県

とろとろの豚しゃぶ
奇蹟の湯 奥津温泉ホテル 米屋倶楽部 奥津
（苫田郡鏡野町）

［島根県］

白石家パンケーキ
出雲・玉造温泉 白石家（松江市）

境港港で水揚げされた
鰈（エテカレイ）の干物
紅葉館〈島根県〉（安来市）

宍道湖産しじみのお味噌汁
松江しんじ湖温泉 大橋館（松江市）

毎朝女将が手作りしています
☆しじみのお味噌汁
大島屋旅館（出雲市）

BREAKFAST FESTIVAL 2016

ちりめん山椒御飯

出雲の滋味豊かな土で育った自慢のお米をおいしい水で炊くと、ピカピカもっちりやさしい甘みの朝ご飯の主役が出来上がります。それを引き立てるのは、奥出雲産のスパイシーな山椒を使ったちりめん山椒です。天然物だけを使って、丁寧に仕上げた味は、ひと口食べればその差がわかるでしょう。

はたご小田温泉

〒699-0903
出雲市多伎町小田208-3
TEL：0853-86-2016

広島県

[広島県]

朝から3杯食べました!
錦水館の朝食米『竹炭米』
宮島潮湯温泉 錦水館(廿日市市)

広島県竹原の竹炭入り!
できたてオムレツ
グランドプリンスホテル広島(広島市)

瀬戸内の味をお届け♪
瀬戸内炊き込みご飯「鯛めし」
リッチモンドホテル福山駅前(福山市)

采女ファームの新鮮卵を使った
卵かけごはん
ベッセルイン福山駅北口(福山市)

目の前で作り上げる、
ふわふわオムレツ
リーガロイヤルホテル広島(広島市)

BREAKFAST FESTIVAL 2016

瀬戸内産ちりめんじゃこと温玉のシーザーサラダ

瀬戸内産ちりめんじゃこの佃煮と、地元でとれた鶏卵を使った温泉玉子をトッピングしたサラダ。わさび、ポン酢、大葉、瀬戸内産レモン汁がきいた、和風テイストのマヨネーズドレッシングでいただきます。

福山ニューキャッスルホテル

〒720-0066
福山市三之丸町8-16
TEL：084-922-2120

広島県・山口県

朝食には焼き魚!
自家製 天然真鯛の一夜干し
住之江旅館（尾道市）

［山口県］

～山口といえば♪「ふぐ」の一夜干し～
萩温泉郷 宵待ちの宿 萩一輪（萩市）

ま～んまる♪
キノコが芳醇すぎるスクランブルエッグ
湯田温泉 ユウベルホテル松政（山口市）

釜揚シラスと赤もく佃煮のおろし丼
～ゆず吉を添えて～
長門湯本温泉 大谷山荘（長門市）

ふぐ本来の旨味が広がる
フグの一夜干し
湯田温泉 松田屋ホテル（山口市）

BREAKFAST FESTIVAL 2016

◆白おくらのすり流し&アカモクもずく風

山と海のねばねばを一緒にした、朝から元気になる一品です。アカモクは、山口県長門市で採れたものを使用。健康・美容に良く、アンチエイジング効果も期待できます。地産地消にこだわり、とってもおいしいオクラとアカモクなので、野菜嫌いな子供でも食べられるでしょう。さわやかな朝の始まりにどうぞ。

長門湯本温泉 楊貴妃浪漫の宿 玉仙閣

〒759-4103
長門市深川湯本1234
TEL：0837-25-3731

山口県・徳島県

～深い味わい♪きんぴらごぼう～
旅館 芳和荘（萩市）

～アツアツ♪釜炊き御飯～
萩温泉郷 夕景の宿 海のゆりかご 萩小町（萩市）

[徳島県]

鯛と若布と酢橘～
3つの阿波が薫る! 渦潮すだち寿し
鳴門潮崎温泉 ベイリゾートホテル 鳴門海月（鳴門市）

徳島野菜と阿波尾鶏の
やさしいそば米雑炊のおかゆ
鳴門海月別亭 シーサイドホテル鯛丸海月
（旧 鯛丸海月）（鳴門市）

オーベルジュの優しい味。
天然鳴門鯛オニオンスープ
リゾートホテル モアナコースト（鳴門市）

カラダ目覚める! カラダ喜ぶ! まんなか特製茶碗蒸し

「1日の始まりだからこそ、本物を口にしていただきたい!」という宿の想いが反映された朝ごはんです。木の桶で天然醸造された三河しろたまりや有機みりん、自然塩など、原材料や製法、生産者にこだわった調味料のみを使用。身体にすーっと染みわたり五感が目覚めていく、身体が喜ぶ朝の一品です。

**峡谷の湯宿
大歩危峡まんなか**

〒779-5451
三好市山城町西宇1644-1
TEL：0883-84-1216

徳島県・香川県

朝の人気メニュー!
「きのこと玉子の出会い鍋」
新祖谷温泉 ホテルかずら橋（三好市）

［香川県］

フレンチオムレツのファルス
ミルフィーユ仕立て
ハイパーリゾート ヴィラ塩江（高松市）

香川に来たら!
朝うどん本場のセルフうどんをどーぞ
ホテル川六 エルステージ（高松市）

薫る削りたての鰹節!
シャキッと目覚めるトスサラダ
こんぴら温泉 琴平花壇（仲多度郡琴平町）

がぶりといきたい!!
極旨クロワッサンサンド
坂出プラザホテル（坂出市）

BREAKFAST FESTIVAL 2016

醤フレンチトースト ～小豆島カラメルの薫り～

小豆島で400年の伝統製法を守り続けて作られている醤油。甘さ控えめの卵液には、2倍の原料と歳月をかけた再仕込み製法により、深いコクとまろやかさを極限まで引き出した鶴醤を隠し味に使用。朝ご飯のおかずにも合う、食欲をそそる薫りのオリジナルフレンチトーストです。

**小豆島温泉
リゾートホテル
オリビアン小豆島
〈小豆島〉**

〒761-4142
小豆島夕陽ヶ丘（屋形崎甲63-1）
TEL：0879-65-2311

高知県

[高知県]

美味彩々!
高知県産四万十鶏とモロッコ豆のサラダ
城西館（じょうせいかん）（高知市）

新鮮! 濃厚!
高知の地鶏「土佐ジロー」の卵かけご飯
四国最南端 絶景リゾートホテル 足摺テルメ（土佐清水市）

迷ったらぜ～んぶいただき!
おむすびLIVE!
土佐御苑（とさぎょえん）（高知市）

チキンライスが味の決め手!
卵ふわふわオムライス
リッチモンドホテル高知（高知市）

高知県産食材をつかった
『ちりめん（しらす）丼』
高知パレスホテル（高知市）

BREAKFAST FESTIVAL 2016

旬のまるごと元気野菜と土佐酒薫る寄せ豆富3種

太陽の恵みいっぱいに育った高知産野菜とホテル特製の出来立て寄せ豆富の組み合わせは、思わず「スイーツ?」と間違えてしまいそうなほど。土佐の吟醸酒で作られたムースが、味のアクセントになっています。「美」と「健康」を考え、からだもこころも元気に目覚める一品です。

サウスブリーズホテル

〒780-0825
高知市農人町5-29
TEL：050-3163-9950

愛媛県

ふわふわオムレツが自慢の
洋食セットメニュー
道後温泉 オールドイングランド 道後山の手ホテル
（松山市）

こころに残る朝食
ケーオーホテル（今治市）

目の前で握る♪
人肌のぬくもり溢れる手作りおにぎり
道後温泉 茶玻瑠（松山市）

ふっくらジューシー♪
厚焼きたまごサンド
東道後のそらともり（松山市）

毎朝キッチンで手作り!
自慢の豆腐♪
CANDEO HOTELS（カンデオホテルズ）松山大街道
（松山市）

BREAKFAST FESTIVAL 2016

絶品! 道後やや特製フレンチトースト

クチコミでも好評のフレンチトースト。朝食ビュッフェのオーダーメニューで、注文後に提供されるので、アツアツを食べることができます。

道後やや

〒790-0841
松山市道後多幸町6-1
TEL：089-907-1181

COLUMN
理想の朝ごはん

　ボクの理想の朝ごはんは、旅館の朝食だ。

　アジの干物を焼いたの。野菜の煮物。焼き海苔。お新香。温泉卵。それにご飯と味噌汁。そんなんで十分。

　ご飯は絶対おいしいのがいい。べちゃべちゃとか、パサパサとか、絶対ダメ。

　味噌汁も煮込まれてワカメの溶けたようなマズイのはダメ。シジミの味噌汁のおいしいの。あるいはなめこと豆腐と三つ葉。細かく切った葉っぱも入れた大根の味噌汁もいい。

　納豆は大好きだけど、家でよく食べるから、旅館ではいらない。食べる前に梅干しとお茶。食べた後にお茶。

　こんな朝ごはんは、朝ごはんを超えたボクの理想の食事で、これが夕飯でもいい。ランチでもいい。というとみんな笑うけど、本気でそう思っている。

　そんなご飯が好きになったのは、はっきりしている。高校2年生の時、初めて同級生だけで伊豆の海に旅行した時からだ。宿は下田の先の、田牛というところにあった小さな民宿だ。もちろん男子ばかり6人。大人のいない初めての旅行だ。さんざん海で泳いで遊んで、腹を減らしての夕飯は、何だったか全然覚えていない。

　ところがその翌日の朝ごはんは鮮明に覚えている。四角い御膳を二つくっつけて、6人で向かい合って食べた。前日日焼けした肩や首にTシャツが擦れて痛い。

　その時食べた朝ごはんが、つまり冒頭に書いたようなものだった。温泉卵じゃなくて、目玉焼きとハムだった。伊豆だからわさび漬けもあっただろう。小さなサラダも付いていたかもしれない。

　でも何といってもアジの干物が断然うまかった。それまでボクはどちらかというと魚は嫌いだった。小学校の給食のアジフライのまずさが強烈で、それでアジはマズイもの、と刷り込まれて、家でも箸をつけなかった。今は大好物のサンマの塩焼きさえも、その延長で敬遠気味だった。

　ところが、民宿で恐る恐る箸をつけたアジの干物は、あまりにおいしくてビックリした。ほくほくして、弾力があって、噛むと滋味が口の中に広がった。臭みなんて全くなくて、香ばしい香りが若い食欲を狂おしくかき立てた。心の中で「そうだったのかぁ！」と目が覚めたような気持ちで、ご飯をバクバク食べた。目玉焼きに醤油をかけてご飯にのせて食べた。黄色いタクワンをか

久住 昌之（くすみ まさゆき）
マンガ家／ミュージシャン

1958年東京都生まれ。1981年、和泉晴紀とのコンビ「泉昌之」の「夜行」でマンガ家デビュー。実弟・久住卓也とのユニットQ.B.B.作の『中学生日記』で第45回文藝春秋漫画賞を受賞。谷口ジローとの共著『孤独のグルメ』、水沢悦子との共著『花のズボラ飯』、土山しげるとの共著『漫画版 野武士のグルメ』など、マンガ原作者として次々と話題作を発表する一方、エッセイストとしても活躍する。

じって、味噌汁をすすった。
　初めての旅行の高揚感もあって、みんな互いに負けるもんかの勢いで、何杯も何杯もお代わりした。何もかも最高においしく感じた。いや、途中からは味わうというより、ただ夢中でかき込んでいた。
　やがて腹がいっぱいになって、全員その場にひっくり返って、寝転んだ。「もう動けねえ！」とか叫んだような気がする。何だかわからないけど、おかしくてたまらなくなって笑った。腹パンパンで笑った。外では蟬が鳴き始めた。横を向くと、廊下の向こうの庭は、まだ朝の光だった。
　あの朝食が、もしかしたらボクの人生で一番おいしかった食事かもしれない。おいしさには、必ずその人の経験やその時置かれた状況が加味されている。だから、同じものを他人と全く同じようにおいしいと感じることはできない。もちろん、家族や恋人同士でおいしさを「共有」することはできるだろう。でもおいしさそのものは、一人ひとり違って感じているのだとボクは思う。
　友人が若い頃、雪の朝、新宿の思い出横丁で立ち食いそばを食べたそうだ。ギタリストになる夢を持って、でも一人暮らしの生活を支えるために、したくもない仕事をしていて、その出勤前だ。
　そこはガラス戸もないから、背中は吹きさらしだ。風が吹けば粉雪も吹き込む。油が出て冷めにくいからと、頼むのはいつもたぬきそば。すぐに出てきたその丼を両手で包んで暖をとるようにしてから、割り箸でたぐったそばをズルズルッと啜り込んだとたん、そのよくよく知っているおいしさに、
「なんだか俺、涙が出てきちゃってさ」。
　わかる。ボクはものすごくわかる。おいしさって、そういうものだとボクは思っている。これは友だちの話なのに、いつまでも心に残って、情景まで浮かぶ、忘れられない朝ごはんの話だ。
　でも「理想の朝ごはん」なんて、今そう思うだけで、ボク自身、これからどう変わるかわからない。一杯の淹れたてコーヒーと、こんがり焼いてバターを塗った、あまり厚くない耳付きトースト。昨日の残りの鶏がらスープ。固ゆで卵。スプーン一杯のとびきりおいしい蜂蜜。リンゴ。それがどんな高級なステーキやお刺身などのご馳走よりおいしいと感じるようになるかもしれない。
　いや、今書いているうちに本当にそんな朝食、最高だなと思えてきた。アジの干物、すでに負けてるかもしれない、ボクの中で。

九州・沖縄エリア

[福岡県]

九州産熟成牛のローストビーフ
九州醤油ソース添え
プレミアホテル門司港(旧 門司港ホテル)(北九州市)

北九州郷土料理
「サバのぬか炊き」
北九州八幡ロイヤルホテル(北九州市)

糸島野菜にかける
イロドリゾット
ホテル イル・パラッツォ(HOTEL IL PALAZZO)
(福岡市)

BREAKFAST FESTIVAL 2016

北海道 東北 関東 中日本 西日本 中国・四国 九州・沖縄

スパイスの香りでカラダ目覚める! マッサマンカレー

カルダモンやレモングラス、シナモンなどのスパイスを使用し、鶏肉と玉葱、ジャガイモをホロホロになるまで煮込んだカレー。ココナッツミルクの濃厚なコクと上質な甘みは、辛さをマイルドにする隠し味。米以外にパンに合わせてもおいしく、スープとしても楽しめます。

THE LUIGANS Spa&Resort
(ザ・ルイガンズ.スパ&リゾート)

〒811-0321
福岡市東区西戸崎18-25
TEL：092-603-2525

福岡県・佐賀県

福岡県産ヒノヒカリと
博多和牛ローストビーフ茶漬け
ハイアット リージェンシー 福岡(福岡市)

幻の天然淡水のり"川茸"入り
とろろのネバネバ丼
原鶴温泉 ホテルパーレンス小野屋(朝倉市)

【癒しの逸品】鶏の出汁の旨みが自慢!
博多水炊き♪
玄海ロイヤルホテル(宗像市)

［佐賀県］

朝から元気にバランス朝食!
〜春雨サラダ〜
サンホテル鳥栖(鳥栖市)

海の幸九州! 旬な魚の絶品!
黒糖醤油焼き!
伊万里温泉 Forest INN IMARI
(フォレストイン伊万里)(伊万里市)

BREAKFAST FESTIVAL 2016

KiHaKo特製 豆腐入りふわもちパンケーキ

牛乳の代わりに、地元の農家の人たちが大切に育てた、栄養たっぷりの「嬉野県産大豆」で作った豆腐を使用。ふわふわもっちりの食感に、心もお腹も満たされます。カロリーも低めで、体にも優しい朝ごはんパンケーキです。

旅館 吉田屋

〒843-0304
嬉野市嬉野町岩屋川内甲379
TEL：0954-42-0026

佐賀県・熊本県

朝からつドッグ
唐津ロイヤルホテル(唐津市)

佐賀県産のおいしいお米を使った
■朝からつ茶漬け■
唐津第一ホテルリベール(唐津市)

[熊本県]

自家牧場産『搾りたてジャージー牛乳』の
ヨーグルト
ホテルグリーンピア南阿蘇(阿蘇郡南阿蘇村)

鮎の味噌漬け
人吉温泉 清流山水花 あゆの里(人吉市)

地元の新鮮食材で
真心を込めた白和え
あさぎり山荘 ひばり(球磨郡あさぎり町)

BREAKFAST FESTIVAL 2016

日奈久ちくわの柳川風小鍋

日奈久名産のちくわが入った柳川風小鍋です。あっさりした和風出汁ベースで、ゴボウの風味と出汁を吸った、熱々の日奈久ちくわが食べられます。

日奈久温泉 浜膳旅館

〒869-5133
八代市日奈久中西町379
TEL：0965-38-0103

熊本県・大分県

3日かけて作った
オリジナル柚子ちりめん
一富士旅館(人吉市)

新鮮!ミネラルたっぷり蒸し野菜♪
山みず木別邸 深山山荘(阿蘇郡南小国町)

塩まぶし地獄蒸し温泉卵!
杖立温泉 四季の宿 わかのや(阿蘇郡小国町)

熊本名物!
野菜たっぷりのだご汁
秘境七滝 お宿 華坊(阿蘇郡南小国町)

［大分県］

朝ごはんの定番!
『卵焼き』
宝泉寺温泉 おやど久月(玖珠郡九重町)

BREAKFAST FESTIVAL 2016

大分産干し椎茸の割下 温泉卵で頂くこだわりすき焼

朝から肉が食べ放題です。大分県産の干し椎茸と、かつおでじっくり丁寧にダシをとった割下は、朝の食欲をそそります。薄味に仕上がっているので、朝でもサラッと食べられます。温泉卵がよく絡むように、プルッとトロッとした黄身の柔らかさにもこだわっているそうです。

別府温泉 杉乃井ホテル

〒874-0822
別府市観海寺1
TEL：0977-24-1141

139

大分県・長崎県

フレンチトースト
― B･B Style ―
別府湾ロイヤルホテル（速見郡日出町）

［長崎県］

ふっくらあつあつ♪
焼き立ての香り広がる自家焼パン
島原唯一の掛け流し海見露天の宿
ホテル南風楼（島原市）

目の前でふっくら♪
オークラの『フレンチトースト』
ホテルオークラJRハウステンボス（佐世保市）

野菜とフルーツの
フレッシュパワージュース
ウォーターマークホテル長崎・ハウステンボス（佐世保市）

完全無農薬！
女将の「島の恵みの野菜サラダ」
奥壱岐の千年湯 平山旅館〈壱岐島〉（壱岐市）

BREAKFAST FESTIVAL 2016

陶農の里波佐見の豆腐と鬼木棚田米の豆腐御飯

ふっくら炊いた鬼木の棚田米に、地元波佐見産の大豆を使った豆腐と長崎のブランド卵「太陽卵」、小葱と鰹節を少々。あとはお好みで醤油を垂らせば、支配人おすすめの豆腐御飯の完成です。宿には波佐見焼の器が各種用意されており、好みの器で朝ご飯を満喫できます。

**ホテル
ブリスヴィラ波佐見**

〒859-3725
東彼杵郡波佐見町長野郷567-1
TEL：0956-85-8338

宮崎県

人気のチキン南蛮〜
自慢のタルタルソースを添えて
たまゆら温泉 宮崎観光ホテル（宮崎市）

宮崎名物!
味噌から手作りしたこだわりの「冷汁」
ホテルスカイタワー〈宮崎県〉（宮崎市）

黒毛和牛ミニステーキ
ガーデンテラス宮崎 ホテル&リゾート（宮崎市）

健康食としても注目度アップ!
宮崎の郷土料理冷や汁
リッチモンドホテル宮崎駅前（宮崎市）

たまねぎのキッシュロレーヌ
ホテルJALシティ宮崎（宮崎市）

BREAKFAST FESTIVAL 2016

サンドイッチも、そのままでも美味しいクロワッサン

外はサクサク、中はしっとり、全世界のシェラトンホテルが同じレシピで作り上げるシェラトン・クロワッサン。好きな野菜やハム、ソーセージ、卵料理を挟んで、オリジナルのサンドイッチにしてみても楽しめます。

シェラトン・グランデ・オーシャンリゾート

〒880-8545
宮崎市山崎町浜山
TEL：0985-21-1133

鹿児島県

［鹿児島県］

鶏出汁スープがこだわり!
奄美大島郷土料理『鶏飯』
サンデイズイン鹿児島（鹿児島市）

鹿児島産トマトの
ヨーグルトソースシャンパンジュレ
鹿児島サンロイヤルホテル（鹿児島市）

南国のお茶漬け♪
鹿児島名物あまみの「けいはん」
ホテルアービック鹿児島（鹿児島市）

ごはんとの相性抜群!
カツオの山かけ丼
霧島唯一の展望温泉の宿 霧島観光ホテル（霧島市）

お客様のアイデアで生まれた
黒豚三枚肉の煮込サンド
ホテル グリーンヒル（薩摩川内市）

BREAKFAST FESTIVAL 2016

朝〆たばかり 鮮度抜群の鹿児島県産真鯛潮茶漬

鹿児島県ならではの食材の一つ、真鯛を朝一でしめ、丁寧に下処理した鯛のカマや中落ちをベースとした相性抜群のスープをかけた一品です。この宿では、雄大な桜島から昇る朝日を眺めつつ、新鮮な真鯛を最大限に活かした「真鯛潮茶漬」を存分に楽しめます。

城山観光ホテル

〒890-8586
鹿児島市新照院町41-1
TEL：099-224-2211

鹿児島県・沖縄県

四季の味覚が存分に楽しめる♪
具沢山の鉄鍋みそ汁
かごしまプラザホテル天文館（鹿児島市）

黒毛和牛の牛スジ入り!
コラーゲンたっぷり朝カレー
ホテル セントコスモ（鹿児島市）

鶏のスープでさらっと美味しい♪
鹿児島の味「鶏飯」
リッチモンドホテル鹿児島金生町（鹿児島市）

朝はさらさらっと♪
お好みでトッピング『奄美鶏飯』
かごしま空港ホテル（霧島市）

屋久島の水と屋久島育ちの酵母を使った
焼き立てパン
sankara hotel&spa 屋久島〈屋久島〉
（熊毛郡屋久島町）

具材はお好みでチョイス☆
オリジナル【だし茶漬け】
アーバンホテル国分（霧島市）

BREAKFAST FESTIVAL 2016

さらりといただける鹿児島名物
「奄美鶏飯」
鹿児島東急REIホテル（鹿児島市）

［沖縄県］

EXESエッグベネディクト
パッションソース添え
Okinawa Spa Resort EXES（沖縄スパリゾート エグゼス）（国頭郡恩納村）

からし菜リゾット
とろり卵とカリカリベーコン添え
ホテル日航アリビラ（中頭郡読谷村）

一晩じっくりしみ込んだ
特製フレンチトースト! 黒糖
Okinawa EXES Ishigakijima（沖縄エグゼス石垣島
旧 かりゆし倶楽部）〈石垣島〉（石垣市）

お好みに合わせて♪
オリジナル手作りタコライス
ホテル オーシャン（那覇国際通り）（那覇市）

沖縄県

イカスミソーメンチャンプルー

夏におすすめの、あっさり&しっかり朝ごはん。イカ墨を練り込んだソーメンに沖縄県産の島豚やソデイカ、そしてたっぷり野菜をカツオ出汁の香るチャンプルーに。子供にも食べやすく、大人はお好みで自家製コーレーグースをかけて、ピリ辛にしても楽しめます。

**沖縄かりゆし
アーバンリゾート・ナハ**

〒900-0016
那覇市前島3-25-1
TEL：098-860-2111